小说家的散文

韩石山 著

我觉得自己更像个卑劣的小人

河南文艺出版社

·郑州·

图书在版编目(CIP)数据

我觉得自己更像个卑劣的小人/韩石山著. —郑州:河南文艺出版社,2017.9

(小说家的散文)

ISBN 978-7-5559-0534-9

Ⅰ.①我… Ⅱ.①韩… Ⅲ.①散文集-中国-当代 Ⅳ.①I267

中国版本图书馆 CIP 数据核字(2017)第 116152 号

选题策划 陈 静
责任编辑 陈 静
书籍设计 刘运来
责任校对 梁 晓
责任印制 陈少强

出版发行 河南文艺出版社
本社地址 郑州市鑫苑路 18 号 11 栋
邮政编码 450011
售书热线 0371-65379196
承印单位 河南瑞之光印刷股份有限公司
经销单位 新华书店
开 本 787 毫米×1092 毫米 1/32
印 张 9.25
字 数 173 000
版 次 2017 年 9 月第 1 版
印 次 2017 年 9 月第 1 次印刷
定 价 29.00 元

印厂地址 河南省武陟县产业集聚区东区(詹店镇)泰安路
邮政编码 454950 电话 0391-2527860

作者简介

韩石山，作家，山西临猗县人。山西大学历史系毕业，任中学教员多年。一九八四年调入山西省作家协会，曾任山西省作家协会副主席、《山西文学》主编。出版《徐志摩传》《让我们一起谦卑服善》《韩石山文学评论集》等著作三十余部。

目录

辑一

辑二

辑三

辑一

记忆里，那一丛丛的绿

记忆里，小时候最惊奇的一件事，是上小学的前一年，随爷爷、母亲和哥哥，去大同看望当兵的父亲。营房在城外，去城里游玩，来去都要经过城门洞子。冬天，常有送干草的骆驼进进出出。高大的干草驮子，像小山一样在前面缓缓移动，快到城门洞了，在我看来，驮子的顶部，高出城门洞子顶部许多，怎么也进不去的，然而，在我的注视下，竟平稳地进去了，赶出来时，从侧面还能看到一片窄窄的蓝天，可见驮子的顶部，距城门洞的顶部，还有一截儿。

后来我看到这次塞外之行留下的照片，上面写着：一九五二年塞外。同时也知道了，爷爷领着我们母子三人去大同的原因，让我们见见父亲是次要的，主要的是让父母团聚几天。母亲只有二十六岁，年轻没文化，一个人去不了那么远的地方。

从大同回来的第二年，我就上了小学。然后，一个年级一个年级读下来。读到高中，就去了外地；读到大学，就去了更远的外地。大学毕业后，工作分配到外地，直到现在退休多年，老迈多病，还是在外地。

几十年来，每有情景触发，不由得也会想到自己的家乡。

好多人都说，故乡最早给了自己文学的滋养。具体的物象，多半如腾格尔《天堂》里所唱的："蓝蓝的天空，清清的湖水，绿绿的草原，这是我的家。奔驰的骏马，洁白的羊群，还有你姑娘，这是我的家……"

物象不同，达到的境界是一样的。

然而，在我的记忆里，却没有这些。

这当然是因了我的家乡，在共和国版图上的位置。

黄河从青海流过来，经甘肃、宁夏、内蒙古，到了与山西交界的地方，忽地转了一个硬硬的弯儿，由大体东西的流向，变为几乎是垂直的南北的流向，在整块的黄土高原上，硬是劈出了秦晋两个省份。照这气势，再往南，也该将河南劈成两半，不幸的是遇上了坚硬的伏牛山，撞了个满怀，只能掉头而东，直奔大海去也。

就在这个臂弯里，有一块山西省最大的平原，因为汉唐之际，都城均在关内，也就以之做了方位的基准，称这块地方为河东。对于已然掉头东去的黄河来说，则在其北。

这是一片古老的土地，传说中的尧舜禹，据史书记载都曾建都于此。历代均有伟人产生，如唐代的柳宗元，宋代的司马光，明代抚边的功臣杨博（京剧《二进宫》里讹为杨波）。

然而，近世以来，这儿成了一片没有出息的土地，没有发生过一件有大影响的事件，没有出过一个彪炳史册的伟人。它的平庸，一如它的平坦。从东往西，百余里内，竟无一丝的起伏。南北似乎有些起伏，且名之为冈（鸣条冈），名之为岭（峨嵋岭），不过是个陡坡而已，过去之后，又是一马平川。

我们村子，在这块平川西北，一个叫临晋的县城跟前。跟前，是我们那儿的一个俗语，一个老人领着一个孩子，这孩子就是在老人跟前。一个村子，怎么会在一个县城的跟前呢？确实是的。临晋县城不大，最热闹的地方是东关。关有关门，关门外，跨过一条十步宽的大车路，就是我们村子，叫韩家场。

如果我一直住在这个村子，到了现在这个年纪，冬季天气好，就该蹲在墙根儿晒日头了。

改变了我命运的，是我这个家庭，和它久远以来的一个传统，就是念书，不管穷富，一定要念书。小时候，家里人，主要是爷爷，常给我说的一句话是，好好念书，念到哪里，家里供到哪里。在我看来，这是一桩不平等的交易，他们那么辛苦，而我念书却轻松。这么不平等，我能再让他们失望吗？

只两三年，我就将书从山西念到了山东。

前面说过，我的父亲早年从军，驻防大同，爷爷带了我们母子三人曾去塞外看望。等我上小学的时候，父亲的部队已驻防青岛，一年后转业，只能在山东境内安排。他挑了一个离山西最近的城市，山东最西边的德州。其时干部家属的户口，迁移不像后来那么费事，便将母亲与我的户口迁了过去。三四年后，动员干部家属支援农业，父亲响应政府号召，又将我和母亲，还有在山东出生的三弟的户口，一起迁回山西老家。

这次回来，给我的一个最大的感觉是，往日繁华的县城一下子变得冷清了。村南的公路上，不时有载着桌椅、柜子的汽车驶过，人说，临晋县与东边的猗氏县合并，叫临猗县，县政府在猗氏，临晋这边，往后就只是个镇子了。

原是县城的居民，一下子变成了镇子上的居民，我并没有感觉到什么不同，仍是上我的学，吃我的饭，拉我的屎，上完了小学上中学。

此后几年间，让我感受到的，是这块土地上的变化。

一九五九年(我从德州回来)，到处都在拆，先是城墙被拆了。我舅家是地主，住在城南五里的南连村，我曾亲眼见姥爷跟他们村的几个老人，在城墙下刨砖、抬土。过些日子，连我奶奶也扭着小脚，去城墙下搬砖去了。爷爷是镇上百货商店的负责人，看着自己的老伴去服苦役，也只能默默忍受。我们家成分是富农，舅家是地主。

被拆的不光是城墙，还有周边的一些历史建筑，比如教场庄旁边的文笔塔，东关口上的泰山庙。不多久，连文庙也拆得只剩下一座大殿，门前的牌楼，殿前的金水桥，两侧的庑廊，全不见了。

再往后，几年间，几乎年年都要平田整地。先是平了地里零散的坟头，再后来，连树木葱郁的私家坟地，也一个一个地毁掉了。

田地，真是一望无际啊。

庄稼长起时节，真如绿色的海洋，微波起伏，连绵不绝，天气好的时候，能看到浮动的岚气，远远地飘过。

到了冬天，若没下雪，又是一片焦黄。

只有一件事，总是让人失望。平坟时，说是为了农业机械化，播种机、收割机、运输机，操作方便。等了一年又一年，人死了一茬又一茬，只是不见播种机、收割机的影子。生产队能买上个小手扶，就算是富有了。我们生产队，曾托父亲的关系，在山东买过两台小手扶，让别的生产队的人很是羡慕了一阵子。

后来我去外地上学了。

再后来，"文化大革命"起来了。

此后多少年，几乎年年都要回老家，要说感觉嘛，只是觉得，过去的农村，固然有种种的不是，也还值得留恋；现在的农村，新房倒是建起不少，但总掩盖不住的只有两个字，那就是残破。

原先整齐的村墙，早就荡然无存，村子像一摊烂泥，往外溢了一圈，再溢上一圈。土地是公家的，只有成了宅基地才是自己的，凡是有条件有关系的，都在想方设法划个院子。生产队长（居民组长)就是本村的乡亲,但凡有个理由,没有不应允的。你也划,我也划,划又只能往村外划,弄到后来,村子中间好些院子竟成了废墟。报上曾说过河南农村,多有村落“中空”现象。我看了,只能说是,所在多有,绝非河南可专擅其胜。

早先看过《临晋县志》,知我们韩家,大约是明代成化年间,从城内的钟楼巷,搬到城外自家的“麦场”建起新居的,因此村名便叫韩家场。上世纪九十年代,写《李健吾传》前,曾去过李先生的老家,运城北相镇西曲马村,见村墙高耸如城墙,墙头豁豁牙牙,墙基朝里凹陷,问村里老人,这村墙何以如此古老,老人言道,这是清朝的村墙啊。我心里默算,三百多年了,这村子并没有扩大啊。

在我们那儿,就是大财主也谨守着不轻易扩大宅院的古代风俗。

道理明摆着,土地耕种着,就有出产;盖成院子,若不住人,只是摆阔。

唯一能显出富家与贫家差异的,是富家多有园子。

我们村两户富家。一户是前巷盐店韩家;一户是后巷韩聘卿家,就是我家。明清,乃至民国,盐是专卖的,盐店韩家的家财,可想而知。论房子,也不过是一连三座砖院子,地就不知多少了。最为显赫的,是他家有个大园子。我记事时,那园子已很是败落了,但是,走进之后,仍有蓊蓊郁郁如同树林的感觉。我家的园子，在后巷东头，背靠胡家院，我记事时也已老旧了。园子中间，东西一连三棵杏树，中间一棵还不算老，两边两棵树身中空，虬枝横逸，每当杏熟时节，我和哥哥进了园子，爬在树上，颤颤巍巍，总怕一不小心枝丫折断掉了下来。

忽然有一年，杏子熟了，我和哥哥要去园里，爷爷说，今天去了，往后就甭去了。

我没有问为什么。

平日从家人的谈话里早已知晓，前两年就场园归公，园外的麦场、麦场旁边的园子，早就不是我家的了。麦场用来打麦子，地收走了，麦场理应归公。园子虽说归了公，却没有专人管理，只能是荒着，杏子不管这些，该熟的时候还要熟，别人家的孩子可以摘，原主人家的孩子自然也可以摘。村里人在这点上，还是很厚道的。爷爷的顾虑，是怕人说闲话。奶奶在园门上挂一把破锁，爷爷都深不以为然。

对这个园子，记忆里最特别的，是墙外麦场边那棵高大的楸树。多高？没量过，给我的感觉，可说高极了，上面的老鸹窝不是一个两个，大大小小竟有四五个，且是一层一层垒了上去。长大后去过多少地方，曾留心过别处的楸树，从没见过比我家园墙外那棵更高的。

我如果还有一点灵性，内里不知道，外形上最像的还是父亲。

但我跟父亲并没有多少感情。主要是因为，自从那次他将我们母子三人送回老家之后，三十年间，他独自一人在两千里之外的德州，每年只有十几天的探亲假，常是年根上回来，一过十五就走了。要见，须得等到下一年。一个不多见面的父亲，心里不管多么明白，感情上总是隔了一层。

从小到大，最为亲近的，是我的母亲，那个没有文化，缠过的脚又放大了的农村女人。年轻的时候，是小媳妇；中年以后，仍是小媳妇；直到老年，头发花白了，还是小媳妇。没了小媳妇的模样，不变的是小媳妇的心态。一遇上个事儿，总是问跟前的儿子：

"这可咋办？"

纵然明知儿子说错了，也不会反驳，只会怯怯地再问一句：

"是不是这么办？"

儿子一听，还是母亲说得对，往往会不耐烦地反问一句：

"你知道咋又问我？"

每当此时，母亲几乎是惶恐地说：

"问了心里才踏实嘛。"

这样说，一定会有人说，又在瞎编了。你一上高中就离了家，莫非你妈跟上你去了学校？

没有撒谎。全是真的。只是这里的儿子，不一定全是我。我妈有六个孩子，也就是说我弟兄有六个，而且这六个分作三组，我跟我哥是一组，差两岁；老三跟老四是一组，差两岁。有意思的是，老大与老三差十二岁，我（老二）与老四也差十二岁。老五和老六，差的年龄没有我们这么多，我跟老六相差二十三岁。这样你就知道，我妈跟前，什么时候都不缺个儿子问问的。

小时候，记忆最深的，是跟了母亲去姥姥家。

父亲在外，有两三年不通音讯，后来通了音讯，又很少回家。一个形同守活寡的小妇人，领着两个憨不知事的孩子回娘家，那个凄怆，外人是难以想象的。而我们，又什么都不懂，只晓得到了姥姥家，准有姥姥藏在柜子里的好吃食。二舅在西安工作，时不时地会捎回些点心什么的，姥姥会藏起一部分，等她的这个苦命的大女儿来了，给小外孙们解解馋。

从我们家到姥姥家的南连村，走法有两个，一个是走东关，一个是走后街村外的大车道。不管走哪儿，到了离南门不远的地方，往南一拐，照直走下去，过了北连村，过了中连村，就是南连村了。

夏天和秋天走这条路，还没有什么，两边都是庄稼地，该绿的时候绿茸茸的，该黄的时候黄澄澄的，不用害怕，也没有什么景致可供观赏。

春天跟冬天，可就不同了。

过了城南的汽车路，拐到朝南的大车路上，四周是旷野，春天是轻轻的春风，冬天是飕飕的北风，地里什么都没有，有的只会是枯枝败叶——枝是棉花的残枝，叶是玉茭的枯叶。再有什么活物，那就是飞起又落下，四处觅食的寒雀了。

人是这样的人，景是这样的景，多少年后回忆，仍让我情难自抑。如果有人拍下这样一张相片，该是怎样的动人心魄。

可惜的是，这样的景象，只能在我到了暮年时，才越来越真切地呈现在脑际。

记忆里还有一个景象，是一想就呈现出来的，那就是对一个八九岁的孩子来说，一路上我最爱看的，不是左侧的村舍，而是右侧的陵园。我们那时候，不会有陵园这样文雅的说辞，就那么直通通地说——坟地。

那坟地不是一个，三个还是四个，现在已记不清了。记得最清楚的，是北连村和中连村中间的那一个。离大车路有百十米吧，坟地里，大大小小的坟头错落有致，稍大点的坟前必有碑楼。我们老家，碑楼是很讲究的，青砖做上去，顶部有兽脊，下面有基座，中间嵌着镌字的石碑。

这还不算什么，最让人敬畏的，是园子里的柏树，不多，也就几十棵，只是那个姿势，那个颜色，让人不敢近前。姿势，一律的如苍龙偃卧，又要倏忽腾起的样子；颜色，一律的苍绿到了近似乌黑的样子。

坟地上的草一蓬一蓬的，难说里面藏着什么野物。有次走过，哥哥一眼就看到一只狐狸，一颠一颠地过去了。

“快看！”哥哥指着。

我怎么使劲睁了眼，还是什么都没有看到，但我相信肯定是有的。

“尾巴是白的，成精啦。”

哥哥说得更仔细了。

此后去姥姥家，每当路过那片坟地，我都会眯了眼张望，巴望能看到白了尾巴的狐狸。

后来的结果，不说也知道，肯定没有看到。

我不这样认为，我觉得，只要每次都留心，总有一次会看到。然而，我还是一次也没有看到。

因为，没过几年，平田整地运动一波又一波，先是零散的坟头平了，接下来是这些祖祖辈辈谁也不敢动的坟地——陵园，也平了。

我是学历史的，虽说从事了写作，平日仍留心史学上的文章，某年曾看到一篇研究陵寝文化的文章，说古代帝王陵寝的树木为何都永久性地保存下来了，最重要的一个原因，是历代无分朝野，对前朝的陵寝都有一种敬畏之心。这话真是说对了。古人敬畏的，不光是帝王的陵寝，就是大户人家的陵园，寻常人家的坟地，也格外地敬重。在我们老家，盗伐树木的事时有所闻，然而，在过去的年代，极少听说谁家陵园的柏树被盗伐了。

只有盗贼与圣贤都遵守的道德，才是真正的道德。

圣贤敢破坏的，怎么能责怪盗贼？

在我此生，随母亲去姥姥家的路上，大车路右侧，那一丛丛的绿，是永远不会忘了。

二〇一五年五月十二日

我曾是个山东人

不知是身上真的有，还是装模作样装出来的，初相识的人，常说我身上有些豪侠之气。每当这时，我呢，多是一半谦虚，一半自负地说：

“也许有吧，我曾是个山东人啊。”

这倒不是诳语，确实是的。

上世纪五十年代中期，有两三年的时间，即从小学三年级到五年级，我是在山东德州度过的。

父亲原在青岛的海防部队服役，转业时为了回老家方便，选择了德州，在德州监狱当了管教干部。安顿下来后，就将母亲和我接去同住。住了三个年头，到了一九五八年春天，国家号召干部家属返乡支援农业，一贯积极上进的父亲，主动响应号召，将我们母子，还有在德州出生的弟弟一起送回山西老家。后来家里人都埋怨父亲做事孟浪，要不我们全家都是城市户口了。我倒是理解父亲,他那时才三十出头年纪嘛。父亲独自一人在山东工作了二十几年,直到改革开放之后,才按国家有关政策,将母亲和五弟、六弟转到德州。

小时候,对山东人的性格没有什么认识,甚至还有点委屈。

我刚去德州,小朋友们给我叫“小侉子”,见了我就半唱半喊地说:“打侉子,卖侉子,侉子侉子悠侉子!”当时不知这个“悠”字是什么意思,现在回想,该是荡的意思,就是把这个小侉子像荡秋千似的悠起来。这不是反了吗?在我们老家,是给河南、山东过来的人叫侉子的呀。真是彼一时此一时也。

真正让我见识了山东人豪爽性格的,是改革开放之后。

那时,母亲和五弟六弟已到了德州,我在太原工作,父母年纪大了,一年之中,总要去看望一两次。每次去了,父亲总要领着我去看望他的朋友。父亲是个爱热闹的人,交往的朋友中,除了跟他年纪差不多的之外,还有几个比他小十几二十岁的,不管见了谁,父亲总是说,这是你什么伯伯,这是你什么叔叔。我呢,也就跟上叫声什么伯伯,什么叔叔。那些年纪大的还好说,遇上年纪不大的,真叫我难为情——这个什么叔叔,有的竟比我还要小一两岁。但是,有一样是我永远不能忘记的,父亲的这些朋友,招待我真像来了老家的侄子。我在那儿待几天,天天都有人请我们父子俩去喝酒。那时还不兴在饭店吃饭,就在他们家里,荤的素的摆满一桌子,酒嘛,几乎全是景芝白干,一瓶喝了再上一瓶,临走还要给拿上这样那样的土特产。尤其是那些大娘，总是给我说，你父亲人多好，在这里几十年多么不容易，为供你们弟兄几个上大学，平日怎样的省吃俭用。

那几年，也是母亲一生最舒畅的一个时期。

据父亲说，他们监狱的一个领导，平日对人很严厉，独独对母亲很是敬重，骑自行车见了母亲，总要下来问声好。这当然也是有原因的，监狱干部的文化水平一般都不很高，那时刚恢复高考，上大学是很难的，而母亲在老家农村带着我们兄弟几个，我在“文革”前就上了大学，两个弟弟恢复高考后的第三年，同时考上了大学，四弟上的还是个名牌大学。这在他们单位，几乎造成了轰动。有个父亲的朋友，一定让他的儿子高考前夕在父亲家里住一星期，说是沾沾韩大爷家的灵气。而这个孩子，还真的就考上了。后来四弟出国留学，父母脸上更光彩了。

父亲给我说这事时，我笑着说，你就没给人家说，你六个孩子，三个上了大学，等于别人家里两个孩子有一个上了大学，这有什么奇怪的。父亲说，不管怎么说，咱家是三个呀。

母亲第二次到德州的时候，已五十多岁了，没几年，父亲就退休了。此前为了安排工作，五弟和六弟已回了山西。

孩子一回，母亲在德州住不下去了，又放心不下父亲，一年之中，在老家住上几个月，又来德州住几个月。年纪大了，这样来回跑总不是个办法，我跟父亲商量，是不是他干脆回山西好了。在我想来，这不算个事儿，毕竟我们家的根子在山西嘛。不料，父亲坚决反对，说他在德州几十年，离不开这个地方了。为这事，我跟父亲几乎翻了脸，我说，我妈回去了，你这么大年纪了，怎么能一个人住在山东呢？父亲说不出多少道理，总是执拗地说，他就离不开这个地方嘛，回去连个说话聊天的人也没有，还不把他憋死呀。

真没想到，一方水土对一个外乡人会有这么大的吸附力！

又延宕了几年，父亲终于在六十五岁的时候，还是回了老家。父亲回到老家之后，很长一段时期郁郁寡欢，一说起来，就是他在山东如何，他在山东的朋友如何。直到这时，我才想到，强劝父亲离开山东，是不是有些过分了。

前年，我去济南开一个学术会议，德州监狱的王振义政委在报上看到了，让父亲的一个朋友跟我联系，问我能不能会议之后来德州住几天。父母已去世了，王政委还有这份情义，我很是感动，说我会去的。

原以为到时候我在德州下车就行了，没想到的是，会议结束的当天下午，王政委派那位叔叔带车来济南接我。在德州，王政委和林监狱长给我的接待，让我想起了当年跟着父亲去伯伯叔叔家做客的情景，不同的是，不是在他们家里了，我也不用再喊他们伯伯叔叔了。

也是在德州才知道，王政委的父亲，就是当年那位特别敬重我母亲的监狱领导。酒席上,我还知道了一个在德州人们对监狱干部子弟的通俗称呼。德州监狱很长一段历史时期,不叫监狱而叫劳改队,监狱干部的孩子,就叫劳改队子弟。劳改队在德州是个大单位,几十年下来,德州党政军经各界,就有了不少劳改队子弟,有的还担任了领导职务。说得多了,就将那个“队”字省略了,说成“劳改子弟”。在外地这样说,肯定会有误解,但是德州不会,反而是一种自豪,好像出身名门一样。有位朋友当场就说,老韩,你也是咱们劳改子弟啊!

在德州住了两天之后,王政委又派车将我送回太原,仍是那位到济南接我的叔叔跟着。

晚上女儿下班回来,问我是怎么回来的,我说了从济南到德州,再从德州到太原的经过,女儿惊奇地说,多远呀!怎么能这么做事。

我说,我也没办法,这就是山东人的脾气啊!

二〇〇八年三月二十七日

我的祖父

祖父名儒昌，字聘卿。街面上的人说起来，总是说韩聘卿，少有说韩儒昌的。说一个让人敬重的人，老辈人讲究说字。当然，得这个人有名也有字。

三十多年前，我写作上出了点名，有次回老家从街上走过，听背后两个老人议论。一个说，过去的窝（那）娃成了作家啦，另一个问窝（那）谁家的，回说原来百货上韩聘卿的二孙子，另一个当即“噢”了一声，大声说：“聘卿的孙子嘛，没索（什么）说的！”意思是，韩聘卿的孙子成了作家，没什么奇怪的。

这里说“街面上”，有点僭越，好像我家在什么城市里住着似的。

是僭越，却不能说是撒谎。我家所在的地方，叫临晋镇，过去就是临晋县的县治。上世纪五十年代中期，临晋县跟东边的猗氏县合为临猗县，县治设在猗氏，临晋这边就纯粹成为镇子了。我家就在镇子东边，跟镇子相隔不超过十步远的一个居民群落，叫韩家场。集体化时叫临晋大队第四生产队，现在叫临晋行政村韩家场居民组。

祖父是一九〇六年生人，具体日子是农历九月初一。我父亲是一九二五年生人。我上面有个哥哥，一九四四年生人。也就是说，解放前的几十年间，我家都是每十九年就有了下一代人。结婚早，得子也早，比如我父亲和母亲结婚时，都是十五岁。这样的人家，多半殷实富足，解放后通常定为地主或是富农。我家的成分，就是富农。好在没有“戴帽子”的，父亲部队转业后，在山东德州劳改队当管理干部，祖父在街上百货公司且是负责人。

听了街上人的议论，我真想回过身，给两位老人家作个揖，不是为我，是为我那早已去世的祖父。

我之所以这样感谢祖父，不仅仅是通常意义上的孝顺之心，追怀思远之情。在我的人生道路上，祖父曾给过我切实的指引，用他的事功，用他的人格。甚至可以说，我现在所以有这么点成绩，全是拜他老人家的恩德所赐。

一九六二年，我考上当时晋南地区最有名的康杰中学（高中部）。这里的康杰，不是什么吉祥语，是个人名。夏天还没有入学，晚上在院子里歇凉，祖父给我讲起康杰这个人，说此人姓嘉，是夏县城里大财主家的孩子，早年上北大，又去日本留学。那时候提倡教育救国，就跟他的几个同学回国，在运城办了一所河东中学。又要办学,又要留学,采取的办法是,今年这几个同学回国教书,明年去日本念书,那几个同学再回来教书。他就上过河东中学,康杰给他们讲过课。这个人口才极好,讲起课口若悬河,嘴角挂着白沫都顾不上擦。可惜的是,他没有念完,到二年级时,这一带遇上瘟疫,他哥哥去世了,父亲无心理家,将他叫回来料理家务,再也没有出去,当了小学教员。解放后开了家颜料店,公私合营后,调县商业局成为正式职工,当了临晋街上百货公司的负责人。

爷爷在康杰办的中学里念过书,这成为我高中三年间想起来就来劲的事儿。爷爷没有念完,且看我的吧。

三年后,一九六五年,我考上山西大学历史系。

入学后两个星期吧,一天有人说,系主任许预甲先生叫我去一下系办公室。我就去了。许主任问,你是韩家场的吧?我说是的。许主任说他是许家庄的。我知道,许家庄在我们村北边,相距一里多地。他又问,韩家场有个叫韩儒兴的,是你的什么人?我说我不知道,他噢了一声,说了两句勉励的话就让我走了。过年回到家里,跟祖父说起这件事,且说了许主任的名字。祖父说,韩儒兴是他的哥哥,闹瘟疫那年死了,上小学时,他与许预甲是同班同学,两个人,这次你考第一,下次他考第一,不分上下。许家的家境要好些,他的伯父许建观,举人出身,民国初年当过雁门道的道尹,现在大同某寺庙的正梁上,还有他伯父的名字。又说许预甲后来上了北京大学，天分高，学习好，只是不知他当了山西大学历史系的主任。

那年高考，政审是很严的，少有出身不好的人上了大学。但也有个政策，就是每个系可以收一两个出身不好的考生，比例是百分之五。我们班三十个人，收了两个。我总觉得，这两个学生都是许主任亲自定的。另一个同学叫乔象鋐，他父亲叫乔鹤仙，河津人，早年就是山西大学历史系的教授。

我弟兄六个，我受祖父的影响要大些。这主要是在我上高中时，祖父一直工作，经常给我鼓励，给我资助。我爱买书的毛病，就是因为手里钱多而惯下的。

祖父对我的另一个影响，是爱写毛笔字。在我书房的北墙上，挂着一幅字，是某年书协的一个朋友办个小型书展，要我写幅字，好朋友，拗不过就写了，装裱后展出，事后将这个装裱件给了我。上面写的是：

> 余少年时，先祖父聘卿公尚有职务，每当镇上开会常有人来家中请写会标，余侍立一侧，但见祖父执笔凝神片刻，即下笔作字，神采飞扬旁若无人。当此时也，余每作想，他年长大成人，定要像祖父一样，写一笔好字。不意数十年间，迫于生计，全无习字之机会，诚可叹也。

前面说了，我家解放前每十九年就是一代人。实际上，解放后的情形也差不了多少。我祖父三十八岁上有了孙子（我哥哥），一九六三年五十七岁上又有了重孙子(我的大侄儿)。大侄儿好像也是十九岁上有了女儿。那么我祖父七十六岁上就有了曾孙辈,实现了五世同堂。一个人活七十六岁不是难事。

然而,没有等到这一天。

在六十四岁上,他老人家就在我家门前的老槐树上上吊,了断了自己的性命。这一天是一九七〇年七月三十日。

去世的前一天,即七月二十九日,他给远在山东德州生建机械厂(劳改队的对外名称)当管理干部的儿子即我的父亲,写了封信。他是七月三十日黎明时分去世的,这封信是七月二十九日写下,当天送到街上邮局发走的。后来才知道,这封信传递了一个死亡的讯息。父亲在他的自传里,收录了这封信。原文是:

> 所捎八十元收到,我的病暂时问题还不太大,你可坚持工作,好转后即寄信。若发生变化,即为拍电报。咱处最近雨水很多,秋田有希望。特此告知。父字。

信中的"若发生变化",是暗指他近日就会亡故。

他的病并不严重,不过是老年人常见的高血压罢了。所以选择这样的方式了断自己,实在是受不下这个苦孽了。

一九六五年,他还是先进工作者;一九六六年春天,"四清"结束时,就让戴了富农分子帽子,被开除公职,遣送回农村劳动。我们村等于在临晋城里,过去街上的体面人,一下子回到村里监督劳动,一天三晌都要下地,这是多大的屈辱。更为可怜的是,"文化大革命”开始不久,一九六八年我的祖母就惊悸而亡。他是有文化的人,知道家里有人戴帽子跟没人戴帽子,对在外面工作的人的影响是不同的。那些年,他按时下地,积极表现,只求早点摘了帽子,结果呢,年年申请,年年被驳回。眼见摘帽无望,那就不如自我了断,这样家中就没有戴帽子的了。

我是一九七〇年八月十二日毕业离校的,也就是说,祖父选择自杀的日子,距我离校只有十三天。他只要等上十四天,就可以看到大学毕业归来的孙子了。然而,他还是狠狠心,走了!

知道了这事,我没有哭。

在我成长的年月,死人的事,在我家和我姥姥家,早就稀松平常了。“大跃进”的第二年,我妗子受不了队干部的恐吓(说要送她去公社劳动队)跳井自杀;三年困难时期,我外公与舅舅相继病饿而死;“文革”开始后我祖母惊悸而亡。这回不过是轮到祖父罢了。

我上大学时,曾住过学习班,上过全系的批判会,有那么几个人,总想把我打成反动学生,毕业后还有人纠缠。若不是侥天之幸,我们这个大家庭里,下一个死去的,就该是我了。

我的作品里,总有那么一种阴郁不平之气,有人不理解,我也不便解释。多少年前,曾写过两首《身败名裂歌》,前两年病中无事,将之补成四首,抄在这儿,作为此文的收束——

之一:

早已身败名裂,四十年前月夜。

全系开会批判,口号此起彼歇。

之二:

早已身败名裂,亲人程程送别。

一程一人倒下,罡风犹嫌不烈。

之三:

早已身败名裂,罪行桩桩在册。

革命群众双眼,从来明亮如雪。

之四:

早已身败名裂,荼毒甚似斧钺。

出得蚕室司马,不写史记何业。

有小跋曰:不通韵律,不敢言诗,俚句也。

二〇一四年八月十日

我们是亲亲的亲兄弟

父亲去世三年了，今年我们弟兄几个要做的一件事，就是给父亲和母亲立一通碑，举办三周年祭奠，这样，两位老人就真的入土为安了。

就在我们办这件事的过程中，几乎没有任何先兆地接到了一笔款子，两万四千元，可不能说少。是山东德州监狱的领导，托他们单位一位来太原办事的同志捎给我的，并附一封信，说是给父亲补发的抚恤金。

父亲解放初从部队转业到地方后，一直在山东德州监狱当管理干部，直到上世纪八十年代中期，离休后回到山西老家。父亲去世后，已领过一笔抚恤金，这笔补发的款子，相当于过去的两倍。

该怎样处理这笔钱呢？最公道的办法，当然是扣除祭奠的费用后，弟兄几个平分了。我这人平时在这类事情上很少动脑筋，总是怎么简单怎么来。我一直相信，简单的方法往往是最好的。不料，跟妻子商量后，妻子说，平分看起来公平，实际上不公平。

这就要说到我们弟兄几个的情况了。说来还真要感谢改革开放，要不我们这个家庭绝没有现在的格局。虽说父亲在司法部门工作，因为爷爷的关系，我们家的“成分”并不好，我沾了大光，“文革”前就上了大学，三弟和四弟可就没这个运气了，正赶上“文革”，一个初中毕业，一个高中毕业，全窝在家里，下面还有老五老六正在往上长，愁得母亲整天唉声叹气以泪洗面。天无绝人之路，正愁得没办法的时候，“四人帮”垮台了，高考恢复了，三弟和四弟同一年考上了大学。一晃又是近三十年，大哥已去世，我也已退休，三弟在县上当干部，四弟在国外某大学当教授，五弟在本县一家工厂当工人，六弟在邻县一家工厂当工人。五弟的厂子效益不好，一家人的生活有些拮据。

妻子出了个主意，说这点钱，对咱家不算什么，对五弟可就是一个大数目，不如把咱家的一份让给五弟。我说，好啊，要是这样，也动员四弟这样做。

于是，我便给四弟发了电子邮件。先说了这笔钱的来历，再说了用途与分法，接下来说，大哥的一份，无疑该给嫂子和侄儿，不必说了。我们弟兄五人中，数五弟的光景最可怜。我们当哥哥的，也都没给过什么关照。这也是因为我们弟兄六人，没有一个是当官的，也没有一个是经商的，都是靠工资生活的平常人家。你在国外大学当教授，我是作家，听起来气派，绝不是什么富翁。可是，我们是亲亲的亲兄弟，穷不帮穷谁照应？有鉴于此，我已决定将我应得的一份，给了五弟。现在，我也动员你夫妇，将你们应得的一份让给五弟。至于三弟和六弟，就算他们有这个心，我意还是不要参与为好。老三工资不高，家庭负担不轻，老家的事全靠他操心办理。老六，是我们最小的兄弟，关照还关照不过来，怎么能让他参与呢。当然，我相信，只要跟他们说了，他们也会让出的。

很快收到四弟与弟媳的回信。他们说，不要说是突然多出两万来，就是差出两万，家里兄弟也会共同承担。家里有一个兄弟过得不好，别的兄弟本来就有责任。二哥平时对家里关照甚多，现在还在想着其中一个过得不太好的，四弟特别感动。为这样一件事，根本不用做这样多的解释，四弟完全理解二哥的心情。我的一份没有任何保留地给五弟。

去年十二月中旬，我夫妇回到老家为父亲办三周年祭奠。祭奠过后，先去大哥家，将大哥的一份给了大嫂，回到老院，又当着一位亲戚的面，将其余的钱分给各人。四弟不在，由我代表，连上我的一份，将两份递给五弟。三弟媳也要将他们的一份给五弟，我挡住了。

五弟媳感动得直流泪，说老人不在了，你们当哥哥的还这么操心。我说,快别这么说,谁叫我们是亲亲的亲兄弟!

二〇〇九年一月十三日

辑二

那年，那场高考

每年到了高考这些天，常会想起自己当年参加高考的事。几多辛酸，几多感慨，齐集心头——四十多年了！

那是一九六五年。我所在的中学，叫康杰中学，在山西省运城市。“康杰”二字，不是什么吉祥语，也不是什么励志语，是个人名，姓嘉。嘉康杰是教育家，也是革命烈士，早年在运城办过中学，解放后，就将一所中学改用了这个名字纪念他。那时运城还不是地级市，只是个普通县份，不过大些罢了。

我们这茬学生，是一九六二年入学的。那年仍属困难时期，中专不招生，师范不招生，只有普通中学招生，数量也减少许多。一个县只招一个高中班。康杰中学是名校，往年招八个班、六个班，这年招了四个班。跟往年一样，所招学生，全是从周围七八个县选的尖子生。这样的学生，经过三年苦读，到了一九六五年夏天高考时，我们的信心都很足，觉得考大学不成问题，只是想着怎样才能考上名牌大学。我是考文科的,当时的心志是北大,至少也该是个南开什么的。省内大学,连想都不想。当然,填志愿的时候也填了,文科院校本来就不多,不填的话,第二志愿的几个栏目会空着。

然而,临近高考了,才知道还有“政审”(政治审查)这一说。这让我很是苦恼。爷爷和父亲都是干部,父亲还是在司法部门工作,可是,我的家庭成分却是富农。政审的等级,影影绰绰地听说是分作四类。一类是绝密,可考保密性质的院校。二类是机密,可考军工院校。三类是合格,可考普通院校。四类是不合格,不管分数多高,也不会录取。(后来证明确实如此。)自己会是哪类呢?一点也不知道。苦恼之余,也有个天真的想法,就是,既然让参加高考,总会凭分数录取吧?

那年还有个特殊情况。地理,复习前就通知不考了;历史是要考的,临考前,又说历史课本“封、资、修”的东西太多,也不考了。这样,就剩下了四门,分别是:政治、语文、俄语、数学。其中数学是参考分,可考可不考。也就是说,文科生要考的,只有三门。科目越少,难度越大。

我信心十足。考场在一个旧教室里。考俄语前,教俄语的李老师找见我,叫着我的名字说:“给我抄份卷子吧!”他知道我有这个本事。开考后,老师是见不到卷子的,下了考场就会有学生询问,需早些知道试题做些准备。考场上,我先答完自己的卷子,又工工整整地抄了一份,就这还是早早地交了卷子。出了考场,将抄下的试题给了李老师。我没问试卷上的事。我知道我考得很好。

考完试,回到老家等通知。大约一个月后,通知来了,是山西大学历史系。我一点也不高兴,还觉得有些丢人,去太原上学时路过运城,都没有去母校看望老师。

多少年后才知道,我是幸运的。是一九七三年吧,大学毕业参加工作已三年了,有次在回老家的火车上,遇见时任康杰中学副校长的路老师,他教过我们数学,当过我们的班主任,闲谈中告诉我,一九六五年是政审最严的一年,所有出身不好的、家庭有其他政治问题的学生,全在一个考场,而那个考场里,就考上了我一个。

听了路老师的话,我才省悟过来,自己当年的委屈,是多么的愚蠢可笑。同时,心里又愤愤不平,为上头那样的政策,为学校那样的做法。中学生,多么纯洁多么无辜,谁不是满怀豪情,要为国家建设献上自己的青春,做出自己的贡献?既然允许参加考试,就应当不分彼此一视同仁,怎么能未上考场先定了命运呢?道理应当是,我可以考不上大学,但你不能还没考就限定我不能被录取;我可以考不上好学校,但你不能在我还没考的时候,就限定我不能上好学校。

庆幸的是,这样的事,再也不会在中国大地上发生了。

二〇〇七年六月十二日

我们的景老师

景老师名琴,是我小学时的老师。写题名时,很想写成“我的景老师”,想想,不妥。要是别的老师,可以这么说,独有景老师不行。

这主要是因为,景老师在我们那一带的名气太大了,我要是说“我的景老师”,我们那一带的人见了会说,怎么是你的景老师,是我们的景老师呀。别说我们那一带了,就是在我家里,也通不过。我姑姑景老师教过,我哥哥景老师教过,我的两个大些的弟弟她教过,我的大侄儿她还教过。也就是说,光我们家里,就有三代六个人是景老师的学生,我怎么可以说“我的景老师”!

我说的我们那一带,是山西临猗县临晋镇。这个镇,过去是个县城,解放后跟东边的一个县合并了,县城移到那边,这边就成了个镇子。镇上的完全小学,简称镇完。景老师就是镇完的教员。我记得,我上小学时,女教员就景老师一个,直到我上了高小六年级，还是只有她一个女教员。说清这一点，非常重要。

我是一九五三年秋天上学的。记得清清楚楚，是姑姑领我去报到的，一去了，就安排在景老师这个班上。也许只有一个班。我不是那种早慧的孩子，第一学期浑浑噩噩地过去了。第二学期开学后，一年级或是我们这个班，搬到校门口对面的一个院子上课。时间长了，这才注意到，景老师是那样的漂亮。那时候，我们甚至不会用漂亮这样的词儿，只是觉得她很洋气，很高级，村里的女人也有漂亮的，她跟她们完全不一样。村里女人再漂亮，一说话就露了馅，景老师说话，什么时候都是脆脆的，亮亮的，又那样的亲切和气。别说是讲课了，就是批评你两句，也不会叫你害怕。若轮不上景老师表扬，就是换她批评几句，心里也是舒坦的。（我推算了一下她的年龄，当时只有二十七岁。）

搬到这个院子里，景老师就住在教室尽头的一间房子里，那时她已有了儿子，也就是两三岁吧，白白胖胖的，穿戴也讲究，看起来跟个瓷娃娃似的。我们都叫他“奶娃”，多少年后才知道，人家是叫“迺峰”。我们那儿的风俗，孩子的乳名，除了另起猫儿狗儿这样的贱名，多是在本名中选一字，后面加个“娃”字就行了。也是我们太小，就不想想，怎么会是“奶娃”，那么洋气那么有文化的景老师，怎么会给儿子起这样俗气的名字！

有时下了课，或是后晌放了学，景老师忙，常会对某个学生说，你领上迺娃要会儿吧。这个学生会当作极大的荣耀。我们在旁边看了也极为羡慕。可惜的是，这样的美差，从没有轮上我。我所能做的，是在别的同学领上迺娃玩要时，过去捏捏迺娃白胖的小手。

后来景老师出名了，都说她多少年只带小学一年级，可我的记忆里，二年级时也是她带的。或许是我记错了。那也是因为，景老师给我的印象太深了，小学低年级能记得的老师，只有她一个人。在我的记忆里，景老师就是美丽的化身。多少年来，只要一提起景老师，在我的眼前，就是一个标准的小学女教员的形象：白净红润的脸盘，乌黑油亮的剪发头，说起话来清脆响亮又亲切和气，高高挑挑的个头，迈着轻盈的脚步。只有一点，后来我做了修正，就是她的个头没有我印象中那样高。一点也不奇怪，那时候我们只有七八岁，个子小，就觉得她个头高了。

自从大学毕业后，我很少回老家，断断续续地，听到一些景老师的消息。改革开放以后，景老师声名大振，当了县人大常委会常务委员，特级教师（副教授待遇），又调到运城市一所省级重点小学，担任了负责教学的副校长，直到一九九〇年她六十四岁时才离休。

二〇〇六年吧，我回了趟老家，听说景老师在女儿家住着，我让三弟领上我去看望了景老师。奇怪的是，二三十年没见，她已八十岁了，我仍觉得她依旧那样美丽，除了头发花白之外，脸色还是那样的白净红润，光光亮亮，没有什么皱纹，看上去越发地和善了。或许是一辈子跟小学生打交道，让她的心灵变得格外美丽，而美丽的心灵又时时滋润着容颜，这才有了她个人独有的恒久纯真的美丽。

闲谈中景老师告诉我，一九四八年临晋解放之初，他们夫妇与我爷爷都在胡家院联合校教书，我爷爷是主任教员，他们夫妇写毛笔字的仿影，全是我爷爷给起的。说起两家人在“文化大革命”中遭受的磨难，她唏嘘不已，很快便朗声言道，“都过去了，真没想到会有现在这样的好时光”。

后来她寄给我一本剪纸簿子，里面全是她自己设计、自己动手剪的花儿鸟儿。我看了，真不敢相信这是一位八十高龄的老人剪的。

今年景老师该是八十三岁了，我祝愿她老人家健康长寿，永远美丽！

二〇〇九年三月六日

邵梅——我的老师

九月的一天，我去看望崔光祖、邵梅夫妇，崔先生拿出一本厚厚的书稿，说是他最近刚完成的，让我看看，并希望我能写几句话，放在前面作序用。我当时很惶恐，连说不敢。

不是矫情，崔先生何许人也，我怎能僭越至此！他当过山西省委宣传部部长，我是他的隔了几个层次的下级。虽说他在当过两任省人大常委会副主任之后已退下来了，可领导毕竟是领导，这点规矩我还是懂得的。从来都是领导给下级的书写序，哪有下级且是隔了几个层次的下级给领导写序的道理。然而，崔先生接下来的一句话，却让我无话可说了。他说，这是写你邵老师的。我这才看清，书名正是《贤良妻》。

老师当年教过你作文，现在再叫你写篇作文，能不写吗？——心里这么一想，嘴上也就软了。

回到家里，几乎是迫不及待地看了崔先生的书稿。这是一部长篇叙事诗，二百页，以每页二十二行计算，当在四千多行。崔先生是诗人，我是知道的，他有多部诗集出版；这部诗稿写他夫妇几十年的恩爱情感，风雨历程，也在预料之中，但我没有想到的是，那感情可真叫个热烈，就是热恋中的少年儿郎，怕也没有他的这份真挚，这份细腻与绵长。

因为是叙事诗，环境、人物我都熟悉，崔先生又长于以口语入诗，读起来也就格外亲切，格外顺畅。读着诗，不由得就想起了——不，眼前就显现了我的邵老师的身影。

一九五八年我从山东德州转回老家上学，第二年考入临晋中学。那时临中还是初中，大概是初一的下学期，或是初二的上学期，邵老师曾代过我们的语文课。她那时也就二十岁左右吧，讲课干脆利落，说话和颜悦色，深得同学们的敬爱。我不是什么优秀的学生，多少年过后，再跟邵老师说起此事，她已不太记得有我这样一个学生了。我是记得的。那个时期，临晋中学几乎没有什么女教员，语文老师里就她，还有一个叫荆鹤龄的女老师，教的是代数。她俩的关系很好（后来才知道是同学），我们去大灶吃饭的时候，常看见她俩一起蹲在小灶外面的地上吃饭。然而，没过多久，下一学期开学的时候，就不见了邵老师的身影。临晋中学是个大学校，那又是个非常年月（“大跃进”期间），教员调动是常事，我们都还是十三四岁的孩子，并不知道此中有什么原委。

看了这部诗稿才知道，邵老师一九五六年运城师范学校毕业，本想报考高等师范院校继续深造，当时晋南一带中学教员缺乏，组织上便动员她参加工作，去中学任教，她也就服从了。然而，几年后中学教员缺乏的现象有所缓解，还夹杂着一些其他原因，便如诗中所说——

经过数年如一日的努力，
她虽然已经是群众拥护、县上审定、
大会上正式表彰了的优秀中学教师，
但最终还是由于种种原因，
这原因谁也清楚，
只是没有讲清楚，
也不可能讲清楚，
永远也不会讲清楚，
把她由中学调到小学，
事先她一点儿也不知。

我毕业后，上了高中又上大学，大学毕业后，也当了中学教员，不过不是在家乡，而是在离家乡数百里外的吕梁山里。还是当教员的时候，我已开始了业余写作且薄有声名，粉碎"四人帮"不久，便由省文联推荐，当了青联委员。大概是一九七九年吧，来太原开会时，听人说邵老师在省直机关事务管理局上班，便去看望。机关事务管理局在迎泽街上，进了一个大院子，左手一座老式楼房，在二楼的一个房间里找见了邵老师。二十年不见，她老多了，头发花白，身体发福，不变的是她的神情和言语，还是那样的端庄可敬，还是那样的和颜悦色。

又过了几年，我调到省作家协会，看邵老师的次数就多了。但那时，崔先生在当过两个地市的书记之后，已是省委宣传部的部长了，究竟是去看望崔部长，还是去看望邵老师，就不好说了。至少我那小心眼里，有一半是借机看望一下部长大人。不管我的动机怎样的不纯，一去了家里，没有外人，崔先生总会朝里屋喊一声："老邵，你的学生来了。"邵老师总是笑吟吟地出来，坐在一旁听我和崔先生谈话，紧慢插上一句，更多的时候，只是喜欢地看着我，像看着一个来自远方的本家侄子。

最让我感动的是几年前的一件事。

我接任《山西文学》主编后，总想把这个刊物办得更好些，然而，天不作美，就在我接任的第二年，省上就停了办刊经费，弄得我焦头烂额，整日为经费的事儿伤脑筋。我们的刊物每期都寄崔先生，崔先生看不看我不知道，邵老师是肯定看的。每次去看望，她都会说到哪篇文章好，哪篇不太好。有时还会打来电话，谈她的看法。我心想，毕竟是个老语文教师，心里惦念的还是文章。二〇〇四年夏季的一天，我正在办公室，邵老师来了电话，说："你办刊物，真的就那么难吗？"

我们刊物有个栏目叫《主编信箱》，我经常在上面发些牢骚，大概她看到了什么。我以为她闲着没事，要跟我聊聊天，就漫不经心地说：

“邵老师哩，我还哄你吗？”

“我见你们刊物上有汾酒厂的画页，那就是广告吧？”

我说是的，心想，邵老师真是老了，怎么连这个都不知道。

她接下来问，一次多少钱，我说了，她又问你想要多少，我心想，哪有这样问的，一面也就感觉到有什么好事要来了，鼓鼓劲说了一个不小的数字。电话那边吟哦片刻，说行了，你去什么什么地方找什么什么人吧。几天后，我们接到一笔广告费，比那年省财政给我们的补助还要多（省财政不给经费了，每年还给数额不等的补助）！

我不是说钱多了就怎样，我感动的是这份师生情，就像农村老人对一个不争气的孩子，他就是路上捡了块砖头，也愿意垒在你的猪圈墙上，野外捡了根干树枝，也愿意搭在你的柴火垛上。

邵老师喜欢我，除了解不脱的教员情结外，还有一点是我后来才知道的，就是她也喜爱文学，喜爱写作。以我的猜测，她年轻时该有过文学的理想，后来几十年间，生儿育女，相夫教子，公事繁忙，家务拖累，生生地把她的这个理想压灭了。退休后，闲居无事，这压灭了的理想再度萌生。几经练习，便重操旧业，开始了这迟来的写作的喷发。

起初是我去看望他们老两口时，崔先生说，你邵老师也写了个东西，想让你看看。拿回家看了，我震惊了，一是没想到邵老师曾受过那样的苦,二是没想到她会写得这样好。那是一篇散文,写的是“文化大革命”期间她的一段经历,发生在山西临汾市的那场特大武斗。且看她是怎样开头的:

一个炮声隆隆的夜晚,大约是晚上十点钟的时候,我挟着一条军用被子,怀抱七个多月的小三子,加插在六七百人中间,静悄悄地坐在军分区的大餐厅里,到处黑咕隆咚,偶尔能听到窃窃私语;间或哪个墙角有一丝微弱的光,忽闪一下,很快就灭了。孩子哭着要奶吃,我吃不上饭,喝不上水,哪里还有奶水呢?怕哭出声音,只好将干瘪的奶头塞进孩子嘴里,孩子哭得仍哄不下,我只得站起来,双手抱着孩子,嘴里不停地小声哄着:“噢,噢,噢,我娃不哭……”手轻轻拍在孩子身上,明知道不顶事,但只能如此而已。我一阵一阵出汗,一阵一阵焦炙,根本迈不开一步,脚下横七竖八坐着、躺着全是人。我不停地哄着孩子:“噢,噢,噢……”

“你们还……活……”脚下一个声音,使我一愣,打了一个趔趄,接着那个声音就哭了,我能听出他是谁。他拉了一下我的手,我悄声问:“你什么时候也跑到这里的?”“唉!一言难尽……还能……见面……”我泪流满面,哽咽着再也说不下去。孩子仍闹得不行,在我身上乱抓乱撕,口渴得烦躁,声音沙哑。他说:“我给娃找些水喝……”他蹑手蹑脚,神出鬼没地不知从什么地方端回半缸子凉水,我们三人都喝了些，好受多了。至此，炮火中分别一整天的夫妻才见了面，相依为命地紧紧依偎在一起，双方都好像靠着一座大山似的。四周静悄悄的，只有唉声叹气，不时还有些细碎的脚步移动的声音。

这次武斗，场面之惨烈，在“文化大革命”期间，全国所有的武斗事件里都是数一数二的，动用了手榴弹、机枪、土坦克，用几十吨炸药把地委大楼都炸塌了。最后是中央用飞机撒传单的方式，派出野战军部队，才把事件平息下来。

再看是怎样结尾的：

后来清理地委大楼被炸现场时，在原收发室的地方，发现我小孩睡过的桌子炸得稀巴烂，小花布尿褥埋在水泥残土里。我们特意刨出来，保存好，等孩子长大，给他讲讲这一段惊心动魄的历史——一九六九年七月一日。

我所以不惮其烦地抄录这两段文字，只是想说明，邵老师的文笔是怎样的质朴从容，又是怎样的酣畅圆润。那么重大的历史事件，那么残酷的武斗场面，在她的笔下处处都是细微的写实，没有夸张地渲染恐怖，通篇都是让人喘不过气的紧张，没有刻意地描写亲情，通篇都是刻骨铭心的母子之爱、夫妻之情。原题叫《一九六九年七月一日》，我给改为《惊心动魄的一天》，发在二〇〇五年第六期的《山西文学》上。

我给她送刊物时，邵老师不安地问：“我写得行吗？别降低了刊物的标准呀。”

“放心吧，”我说，“你这学生什么本事没有，看稿子还是有眼光的！”

此后，几乎是一发而不可收，在不长的时间里，邵老师又接连写出了好几篇，全是散文，全是写她熟悉的人，经历的事，全都是那样的好，甚至可以说一篇比一篇好。计有《我苦命的母亲》《画吉祥》《他们的影子总在我脑子里时时出现》等，也都在刊物上发表了。

有的朋友看了，不知邵梅是什么人，还以为是位新近蹿红的作家，我只说是我初中时的一位语文老师，别的就不说什么了。我不愿意让人说，我是因为崔先生的地位才发了邵老师的作品。本来就是两不相干的事，何必让人说三道四呢。

是去年吧，我还鼓励邵老师快马加鞭多写几篇，趁我还有点小权，为邵老师编本书出版。现在我不敢说这样的话了，因为我也退休了，只能祈愿她老人家就这么不紧不慢地写下去，假以时日，结集成书，该不是难事。

本来想认真地评述一下崔先生的诗稿，但总是难捺这份悠长的师生之情，写着写着就写起了邵老师的事儿。邵老师看了定会慈爱地一笑，说这娃语文没学好，跑题了。当然，以我的伶牙俐齿，也可以辩解说，崔先生只写了邵老师贤良的一面，没有写出邵老师才情的一面，我作为学生心有未甘，要打抱不平啊！

就这样吧，不改了，谁叫你是我的老师，我是你的学生呢。既已不合序文的体例，那就另起个名字，权且作为代序。

二〇〇七年十月十一日

李卓老师

人老了畏寒。天冷了，暖气还没来，偌大的房子里，空荡荡的就我们老两口儿。不到十一点，老伴已开始打造午饭，我呢，蜷缩在阳台的一隅，借着老远的秋阳取暖，手里捏着一卷线装的史书，有一搭没一搭地看上两眼，几乎是无端地又想起了李卓老师。

说是无端，还是有因的。前些天，女儿看了一本《读者》还是《意林》，似乎是今年的第六期，上面有篇文章叫《邻床的天才》，说有个女孩上了大学，发现同宿舍与她上下床的一个女孩，是个外语天才，证据之一是高考入学成绩高达一百四十八分。女儿自从有了孩子，对天才教育特别上心，当即对我说，这样的成绩，将来该有多大的出息！在人才的成长上，女儿服膺的是天才说，我则不同，服膺的是世道说——世道好了，中等资质的人，也能成就一番事业；世道不好，再高的才具也是白搭。于是父女俩便有了下面一番对话：

“要是有人高考的成绩比这个女孩还要好,而终生一无所成,你又说什么?”

“不会吧,那是他后来不努力了。”

“要是他也努力了一辈子,你又说什么?”

“世上真有这样的人?”

“远在天边,近在眼前,你老爸就是一个。现在的高考,外语满分是一百五十分,我们‘文革’前高考,满分是一百分,我考了九十九分,换算成现在的分数是一百四十八点五分,比那个女孩高吧。我这一辈子努力不努力你该是知道的。可我有什么成就呢?蹭蹬一生,平庸一生。”

唯一的不同该是现在学的是英语,我们那时学的是俄语。李卓就是我们的俄语老师。所以不时想起他,不全是因为他的俄语教得好,主要还是他的人品好,风度好。

人品不说了,只说风度。李老师是真正的军人,黄埔军官训练班第九期学员,当过国民党军队的上校团长,抗战期间,曾率部参加过几次大的对日作战。解放后,回到闻喜老家,跟上广播自学俄语,经考核后录用,成为康杰中学的骨干教师。教我们的时候年纪并不老,也就四十七八岁的样子。在这所中学,有军界经历的教员,不止李老师一个。更早一些的张炳南老师,当过张学良的秘书;与李老师同时在校而任副校长的张襄国老师,曾任二战区某师政治部主任,少将军衔。(这还只是军界任职的,名人之后则有李鸿章的曾孙女李道垕老师。)

几个旧军人出身的老师中,数李卓老师最具军人风度。这或许与他是正规军校出身有关。

李老师的军人风度,表现在教学与生活的一切方面。上课前已肃立在教室门外,钟声一落,推门而入,分秒不差。一米八的个头,笔直的身板,通常的装束是,黄呢子军上衣,蓝呢子马裤,黑色或棕色皮鞋,什么时候都锃亮锃亮。平日在校园里走过,总是跨着标准的军人步伐,膝盖抬起,小腿有力地踢出去。若是去食堂,手里端着饭盒;若是去教室,手里端着粉笔盒。不管是饭盒还是粉笔盒,端在他手里,都像平端着一顶军帽那样郑重其事。教师怎么看待他的,我不知道,我们这些学生,只有敬佩。我曾和两个要好的同学,在宿舍里模仿李老师走路的步伐,学来学去,怎么也不像,总觉得自己一蹦一蹦的跟猴子差不了多少。末了只好学着电影《地道战》里,日本军官对汉奸说的话彼此调侃:“你的,真正军人的不是!”

只有一次,我算是了解了老师之间的仇恨。有一年冬天下了雪,李老师来检查晚自习,披着一件黑面红里的斗篷,后来看电影《南征北战》才知道,这是国民党中上级军官专用的一种衣具。他正在教室里巡查,见我们的班主任老师进来了,便从另一个门口出去了。班主任老师进来,常会布置个什么工作,科任老师都会自动走开,这是不成文的规矩。正好下了第一节自习,几个同学围在火炉边跟班主任老师聊天，有位同学故作娇憨地问，李老师怎么有这样的斗篷呢？班主任老师恶狠狠地说："抢下的！"我在一旁听了，身后一股寒气袭来，不由得哆嗦一下。

最后一次跟李老师打交道，是高考时考俄语的那天。我的考场在一个旧教室，很快要进去了，李老师走来叫住我说，安远同学（我的学名），你给我抄一份考题吧。在班上，我并不是俄语课代表，也不能说是俄语最好的一个，李老师叫我抄考题，显然是对我的信任。他知道像我这样的学生，抄一份考题不会影响考试成绩。不管哪一科的教师，都要在高考后很快知道考题，这样学生问起来才能从容对答。我先做完答卷，又工工整整地抄了一份考题，记得还是第二名或是第三名交的考卷。下了考场，我将考题交给了李老师。此后，再也没有见过李老师，直到几年前看一本书，才知道他已于一九九二年去世，活了七十多岁。

考上山西大学历史系，班上三十个同学，外语分作两组，一组仍学俄语，一组改学英语，我报了英语。教我们英语的是外语系的巩象巽老师，记得上第一节课的时候，要点名认人，点到我时，巩老师低头看了一眼名册，惊讶地说，你该去外语系嘛。我也不知道他这话的准确意思是什么，只是猜想，我的外语考分较高吧。"文化大革命"起来后，系办公室被砸了，入学档案流散出来，我看到了我的高考成绩，总分不是最高，但俄语成绩确实是我前面说到的那个数字。

大学毕业后两三年，我在某县教中学，一次回老家，在火车上遇见了教我们数学的路益言老师，当时他已是副校长了，给我说了一件事，让我大吃一惊。他说，那年高考时，政治审查非常严格，学校将出身不好的学生集中在一个教室里（就是我在的那个旧教室），高考过后学校清点录取情况，这个教室里的考生，就考上我一个。也就是说，全校出身不好的考生，就考上我一个。我相信这是实情，我们班里有几位家庭成分不好的考理科的同学，整体学习成绩不在我之下，可是连师专一类的学校也没有考上。

我所以能考上，肯定是沾了体现政策的光，能沾这个光，又是因了考分高，而考分高恰是俄语的考分起了关键作用。这里面，有李卓老师的一份心血。

然而，考上大学不过是给了我一条生路，至于此后经受的屈辱，怕也与之相伴而来。同样是出身不好，能否有一番作为，端的看你的一生主要生活在什么样的年代。就以我所在的中学的命名者嘉康杰先生来说，他是夏县大地主的儿子，但他主要生活在二三十年代，可以创办学校，造福桑梓，抗战军兴，又能毁家纾难，组织游击队（康支队）与敌寇周旋，也就难怪其能彪炳史册了。李卓老师的出身怕也不会很好，但国难当头之际，他可以投笔从戎，报考军校，毕业出来带兵打仗，累积战功，荣任上校团长，率一团健儿与强敌鏖战，该是多大的荣耀。我呢，上中学时就知道以我这样的出身，既不能入伍，也不能从政，读书教书编书写书，听起来儒雅，其实不过是混口饭吃而已。去掉了卵蛋子的司马迁，不去写《史记》还能做什么更好的营生？

粗鄙！听了我的这番表白，女儿不屑地说，老爸心平气和的时候，还有点小幽默，一说起过去的人和事，气就不打一处来，全是粗鄙之词、悖理之言了。别人哼哼你也哼哼，你跟别人比什么？才能不过中人，一生平淡无奇，工资足够温饱，著作竖排及腰，还是偷着乐吧。想多少比你有才华的人，早就死于非命，你能老死于户牖之下，也该知足了。

女儿一训斥，我马上低头不语。老之戒在得。想想也是的。只是不知道，若李卓老师还活着，跟他说起我的这一生，他老人家会说些什么。

二〇〇八年十一月十日

五个同班同学

景运则

毕业四十多年了，一直保持联系的同学，少而又少，景运则是其中的一个。

究其原委，一半是我为人不怎么好，一半也是逢上那么个特殊年代，而我又是个较为特殊的学生。

山西大学历史系六五级，只有一个班，三十二人。一九六五年入学，一九七〇年毕业，五年里头，有四年多，是在“文化大革命”中度过的，一节课都没上过。这期间，还有两个时段不在太原。一个时段是一九六六年春夏间，在岚县农村搞半农半读；一个时段是一九七〇年前半年，战备疏散到了昔阳县农村，就在那儿毕业的。这可以说是年代的特殊。

我的特殊在于，三十几个同学里，就我和乔象鋐两个出身不好，他家地主，我家富农。富农只是个名分，实际上我爷爷是镇上百货公司的业务主管，我父亲是山东德州监狱的管理干部，部队转业去的。那个年代，不说这个，只说你出身是好还是不好。好了，怎么都可以；不好，怎么都不可以。

为什么要说我为人不怎么好呢？这主要是因为，到了昔阳后开展“一打三反”运动，我住了学习班，上了批判会，差点被打成反动学生。中国人有个固定的推理方式，就是——既然这样整你，总是你有过错，要不怎么不整别人呢？由此可见，你平日的为人一定不怎么好。说得多了，我也觉得是这么回事。

然而，就在这样一个特殊的年代，就是这样一个不怎么样的自己，运则对我，却是一以贯之的好。

我说的好，不是什么“解衣衣人，推食食人”，真要那样，我也受不了。

他对我的好，是一个同学对一个同学的好，一种真正的好，相互尊重，绝无歧视。有人或许会说，太容易了，同学与同学之间不就应当这样吗？真要有人这么说，我要说，你还是太可爱了点，不知道那是个什么样的年代。

在我的记忆里，我们一直住一个宿舍，就是老校门南边那个楼的第二层。楼呈曲尺形，就两层，我们的窗户朝西。说一直也许有点不准，至少也是好长时间没有变过。同宿舍五人，除了运则和我，还有三个同学，相处都不错。

一九六六年后半年，“出身论”甚嚣尘上，出身不好的人，都有一种危在旦夕的感觉，保不准哪天会被拖出去暴打一顿。这只是我个人的感觉，并没有什么真凭实据。就在这个时候，出了一件事，让我终生难忘。一天，外宿舍一个同学来我们宿舍，跟一个同学互相打闹，我们宿舍这个同学，将蘸了墨汁的毛笔一挥，墨汁洒在外宿舍同学的脸上，一下子眼睛睁不开了，顺手在床架子上扯下条毛巾往脸上一抹。我正在床上躺着，一看是我的毛巾，喊道：“这是我的！”抹了之后，那同学眼睛睁开了，一看是我，不光不道歉，反而恶狠狠地说：“是你的要咋样？你个狗崽子！”

听了这句话，吃惊的不光是我，还有同宿舍的人，连隔壁宿舍的乔象鋐听见这边的斥骂声，也跑了过来。在众人的怒目相视中，那个骂了我的同学恼悻悻地走了。

心境不好，学校一没事，就回了老家。我是临猗县人，老家在临晋镇上，一个叫韩家场的村子。

第二年夏天吧，一天中午，景运则和高永祥两位同学来到韩家场。永祥跟我同县，家在县东，相距几十里。我还以为学校有什么事，打发他俩叫我回去，交谈后方知，是永祥要回老家，运则跟上到了临猗，专程来看我。永祥下午就回去了。

大学同学来看我，全家都很高兴，记得我还带上运则，到我姥姥家去了一趟。

在昔阳，我让办学习班那次真够悬的。经过那个时期的人，该会记得，“一打三反”运动的那个“一打”，就是“打击现行反革命”。先是抄家，再是办学习班。所谓抄家，就是半夜来了几个人，要我交出自己的日记本，说是有人反映，我记有“反动日记”。交出去了，共十三本。偏偏我在这个晚上，又做了件蠢事，就是将掉下的几页日记，要塞进炉子里烧掉。不知人家早做了布置，一个同学光着身子，一下子从被窝里扑了过来，一把从火里将那几页日记抓了出来。销毁证据，铁证如山。于是第二天，就在红土沟村的小学教室里，开了我的批判会。

那个抓了我现行的同学，可着嗓子喊口号，脖子憋得青筋都暴了起来。我坐在前排，看得清清楚楚。过了一天，去灶房吃饭的路上，运则跟我走在一起，低声说：你呀，烧个什么，就装在兜里，洗衣服一揉不就什么都没有了？在那个年代，能有人跟你说这么一句话，真让人想哭。我从多少个人的眼里，看到的是，你小子这回可完了。

几乎各系都有揪出的老师和学生。快毕业了，学校领导不愿将事情闹大，过了两个多月，我这个学习班也就草草结束。我差不多三个月没理发，头发往下一甩，能遮了眉眼。对此，我自诩“蓄发明志”，实际心里怕得要死，生怕打发回了老家。

毕业后，我去了吕梁山里一个村子教书，运则去了晋东南地区生产资料公司。知道我喜爱古文，曾寄我一册木版印刷的《论语》。生产资料公司管废品收购站,是他从废品堆里捡出的。九十年代吧,他已到了壶关县,我也到了省作家协会,一次作协组织活动,带客人去外地,从一个景点出来,竟遇上了运则,多年不见,那个高兴啊!

二〇一三年秋天,我去大同,见了老同学赵文生和王健秋,健秋是我们班的美女,如今已是六十多岁的妇人,仍不失当年的风姿。我们一起照了相,过后健秋将照片发给运则,运则回了两首诗,健秋又将之转给了我。其一是《追往事赠同窗》:

岚县并州红土沟,青春记忆在心头。

吾侪就学如流水,留下几多思与忧。

其二是《题健秋、安远、文生三人照》:

半头白发赵文生,安远依然黑发浓。

最是令人惊艳处,健秋仍旧绽姣容。

诗中的"安远"是我的本名。

看了他夸健秋的这首诗,又想起一件趣事。停课了,也不搞批斗了,年轻人闲得发慌,像我这样的,只能说是饱食终日,无所事事,运则就不然了,他是个爱说爱笑爱活动的人,时不时地去女生宿舍转上一圈。每次回来,都显得格外兴奋,让我们这些傻帽儿很是羡慕,忍不住就问,去了说什么呀。不问还好,一问他就拿捏起来了,说能说个啥,你们猜去吧。我们当然是猜他如何甜言蜜语,讨女同学喜欢,到了最后,越说越不像话了,运则便大声呵斥：

“那是你们的心愿，不是咱老景的品行！”

不管怎样，我们都承认，在这上头运则就是比我们强。记得是我吧，曾送他一个外号，叫“驻美大使”，意思是，他是我们宿舍派到女生宿舍的代表。

不是当年时常“驻美”，怎会在快七十岁的时候，他还能品味出健秋的姣容。

王健秋

健秋是我们班的美女。

这话需要诠释，要不然会有歧义。

第一得看这个班多大，女同学多少；第二还要看非美女同学的颜值（借用当下最时髦的一个词儿），才能判断出这个美女是真美还是假美。美女本无定则，全是比较出来的。

这一来问题可就复杂了。我们班只有三十二个同学，女同学五个，其他四个谈不上美，也谈不上丑，可说是平平常常吧。——看看看，漏底了吧。且慢，虽说没有实物参照，我仍要说，就是在全系，就是在全校，健秋仍可说是美女。我们系还有一个美女叫施雅芝，两人相比，可说各有千秋。施高挑，王也不矮，只是不那么挺拔，反有一种柔和之美。论脸型，施的也算是瓜子脸，只是不那么标准,两腮略张开些;健秋则是标准的瓜子脸,用透视法将一个瓜子投射到她的脸上,准定分毫不差。

这一段说得太多了,看下面,就知道不是跑了题,也不是走了调。

二〇一三年去大同那次,当地政府的一位朋友请客,将作家王祥夫请了来。祥夫是个口无遮拦的人,喝点酒更甚,记得刚开局没多一会儿,祥夫就指着健秋对我说,老韩,这是你的初恋情人吧。我笑笑没作声。

那次北去,同行的还有谢泳。后来健秋也在场,我跟谢泳说,以当年的形势,健秋绝不会想到我,我也绝不会想到健秋。说罢问健秋,是不是这样,健秋颔首称是。

毕竟在一起上了五年的学,开会会坐在一起,走路会碰个照面,真的就形同路人吗?

当然不是。现在能想起的情形,多半是坐在一起了,也会说两句话,路上碰见了,彼此会淡淡一笑,算是打了招呼。

只有一次,无意间我竟推了健秋一把,过后很是自责,也很是庆幸了一番。

一九六六年九月间,西安的学生运动进入一个高潮,又是静坐示威,又是发表宣言,说陕西省委和西北局党委如何迫害他们,呼吁全国各地的大学生给以声援。我们系有几个同学很会抓住时机,当晚便组织几十个同学,跑到山西省委,要求去西安声援,省委居然就批了，拨下现款和粮票。当晚就出发。去省委前，楼道里喧哗，我出去看，正好遇见健秋，问她去不去，好像她说要回去（女生楼）准备一下，说着转身走开，兴奋中我从背后使劲推了她一把，说：快去吧！过后才意识到，自己也太轻狂了。夏天还没有过去，隔着薄薄的衫子，能感到她肌肤的弹力。

照这么说，班上有个美女，跟没个美女，也没什么不同。

话可不能这么说。

我倒是认为，班上有这么个美女，跟没有这么个美女，有很多的不同。

先说一件小事。记得是战备疏散到了昔阳，去一个什么地方参观吧，在村外干河沟里站着等候消息，三个一堆，五个一伙，闲聊打闹，消磨时光。我们这一堆里，不知谁提议的，指着一块大石头说，看谁能搬得动。没什么人响应。健秋也在，惊叫说，这么大，谁能搬得动呀。这话一说，情形可就不一样了，竟有虎贲之士，使足了劲去搬。这个搬不动，那个又上去，试的人总有七八个。记得我也上去试了下，自然是纹丝不动。最后好像是王保善同学，还真的搬动了。连平日自恃老成的王玺堂，也拉开架势去搬，石头动了没动，记不清了。于此可知，跟前有个美女，跟没有美女是不一样的。

我们班总的说来，是一派；细究起来，是两派。我在的这一派，可说是造反派；健秋是另一派的，她不是头目，也不是积极分子，只能说，他们晋北的几个，都在这一派。我们这一派，有原来的团支书和班长，他们那一派，没什么干部。这并不是说，他们那边没有人才，有那么两三个，什么时候看去，都是“自有谋略在心头”的样子。

到昔阳后，“一打三反”运动中，办我的学习班，要把我整成个什么分子的，就是健秋那一派的几个人。健秋也是办班人员之一。不是专门挑的她，是他们那几个原本就是一个组，让这个组给我办班，自然就有她了。

开过批判会，过了一个星期吧，让我做检查，同时宣布他们写的批判稿，说得具体点，就是从我日记里摘录出的反动言论。

记得是在一个农家院里，房里一盘炕，铺着木板，有的坐在炕上，有的坐在被摞上。主其事者，手持厚厚一沓稿纸，念起来抑扬顿挫，神气十足。另一个在一旁帮腔，间或补充点什么。健秋也在炕上，大概不善于盘腿而坐，就那么双腿一并斜戳着。若在平日，该是一副慵懒的样子，这会儿自然不能这么说。她的身子靠里，一组人围个大致的圆圈，我是受批评者，只能是身子背着门，坐在靠外一点的地方，这样，我与她就是个斜对面的格局。

古时西方的海伦小姐，引起了一场多少年的战争。不是现在，也不是当时，总在事情过去十多年之后吧，我忽然想到，那几个同学那样狠心地整我，或许就是为了显示他们的威武，讨得健秋的一点欢心吧。只怕他们的显示，健秋未必有欣赏的雅兴。

批判会上，那个领头喊口号的同学，喊"把无产阶级文化大革命进行到底"一类的口号时，我跟着喊，喊"韩安远必须老实交代"时，我不喊也不举手。在小组的检讨会上，更是肆口狡辩，绝不承认自己的所谓"罪行"，弄得那几个同学，一点办法也没有。

现在想来，那些整我的同学，或许有给班上的"海伦"看的意思，就是我，又何尝没有不能在美女面前露怯的念头？

这些都是揣测。

最实在，也最让我感动的，还是前年的一件事。

受过批判，又发配到偏远山区，离校后，我很少主动跟班上哪个同学联系，更不要说跟整过我的那几个同学了。这是从我这边说的，从同学们那边说，也没有谁主动跟我联系过。这些我都能理解。想不到的是，健秋会是三十多年后，第一个主动跟我联系的同班同学。

二〇一三年春天，我们一家去太原的龙潭公园游玩，在一处坡地上晒太阳，忽然手机响了，接通后，那边一个女人的声音："是韩安远吧，我是健秋。"

"是王健秋吗？"我大为感动，当即说，"你是毕业这么多年来，同学里头一个主动跟我联系的。"

到了八月，我找到机会，跟谢泳、张继红两人去了趟大同。说是考察大同的边堡，一个主要的目的，是去看看健秋。见了面，她说，先前就听人说，韩安远成了作家，没当回事，春天在《杂文报》

上看到一篇文章，说的事情就是韩安远的，这才辗转托人弄到我的手机号码，给我打了那么个电话。还说，她丈夫从网上找到我的照片，她看了说，嘴唇厚厚的，没错，就是安远。这末尾一句话，最是让我感动。

去年秋天，健秋来过一次太原。听说她来了，班上好多同学都赶来一聚。我在太原这么多年，同学聚会，这是来人最多的一次。陪她一起来的，还有大同的赵文生同学。

现在时不时地，我们还会通个电话。

乔象鋐

前面说了，历史系六五级只有两个出身不好的，一个是我，一个是乔象鋐。

这个起初没怎么在意。以为大学招生，按分数录取，要三十个，就从前往后数上三十个，这三十个里头，有两个出身不好的，就录了两个，若有三个呢，自然就是三个了。后来才知道，这全是我的想当然。

我们入学的时候，系主任是许预甲先生。一次闲谈，许先生知道我是临晋镇韩家场村人，说他也是临晋镇人，老家在许家庄。这个村子我去过，离镇子二里地，我们村在镇子东边，相距也就一里地的样子。许先生问我，韩家场有个叫韩儒兴的，是我的什么人，我说不知道，只知道带儒字的，该是我爷爷那一辈的。寒假回去问爷爷，说此人是他的亲哥哥，十八九岁上得伤寒去世了，跟许家庄的许预甲是小学时的同学。

这个，我也没有怎么在意，觉得大学正好录取了我，许先生正好在这所大学教书，巧合而已。

“文革”中开会批斗许先生，他最大的罪名是，北京大学历史系毕业后，投奔阎锡山，抗战期间任战史室主任，少将军衔。次一等的罪名好几个，其中一个是，每年招收学生，有专人负责，而最后录取，他都一一过目定夺，对出身不好的学生尤其认真，总要挑选他所谓的好人家的孩子。这个好人家，在批判者那里，自然是打了引号的。

这话让我暗暗吃惊。

不光想到了我，也想到了同班的乔象鋐。

以身世而论，他可真正是个好人家的孩子。

这几年在山西，无人不知姚奠中其人。章太炎的学生，推论之下，就是鲁迅的师兄弟，山西大学教授，书法巨擘。看过姚先生的传记，方知当年奖掖资助姚先生的，正是乔象鋐的父亲乔鹤仙先生。乔先生当年在山西，可说是一位文化名人，在山西大学、省教育学院等高校任教，解放初期是省文史馆的馆员。子女多有成才者，有个女儿，就是中国社科院的唐代文学专家乔象锺女士。

再后来看书多了，也就知道了为什么三十二个学生里，有两个出身不好的。

中国的大学招生，在对出身不好的学生的政策上，曾有过几次反复。上世纪五十年代后期某一年，凡出身不好的，一律不得上大学，结果是那一年够资格的全录取了，还招不够，只好临时抽调在职干部进入大学学习。后来教育界有“调干生”之说，那个“调”字就是这么来的。到了六十年代前期，政策相对成熟，经过相当的政审程序，可以招收出身不好的学生了，比例是百分之五。历史系一个班三十二个人，按比例是一个半，人没有半个，只能是两个。中文系一个班五十人，三个班，只能是有的进成三个，有的舍成两个。统筹下来，仍是百分之五。

这一年只能招两个出身不好的，怎能不让许先生挑来挑去，费尽心机？

弄清了这一点，我心里大为感动。不能不承认，许先生这样做，多少是有点私心的。然而，这又是怎样高尚的一种私心！

有了这层关系，有人或许会说，你们两个在班上，定然是过从甚密的好朋友吧。

你还是不更世事。请想想，在那个年代，两个出身不好的，怎么会过从甚密，授人以柄呢。

但我们确实是好朋友，只是过从不密罢了。这“不密”不是不理不睬，而是该怎么着就怎么着，有事了，说说话，没事的时候，绝不会腻在一起叽叽咕咕。就这样不密不疏，不即不离，彼此心里都认同着对方，更多的是象鋐对我的关照。就像前面说过的，有个同学在这边宿舍骂我是狗崽子，象鋐在隔壁宿舍听见了，马上冲了进来。后来跟我说，一进来，他什么都明白了，只看那个骂我的同学下一步做什么，要是再不收敛，他会帮我一把的。事实上，有同宿舍里的两三个同学，再加上象鋐过来，一起怒目而视，那个同学也自知理屈，只能是恼悻悻地离去。

只有一次，避过人，象鋐对我说："安远，你是怎么啦？人家都瞄住你了，你还故意挑逗人家，别那么爱说话嘛。"

这是我的一个大毛病。对人从不动什么心机，什么时候都是那么糊里糊涂，天地不醒似的。有人以为我对人多么刻薄，实则我心里从来没有对人怎么样这个念头。总觉得同学就是同学，同事就是同事，以诚相待，操那么多心做什么。

毕业分配的时候，最亏的要数象鋐。

几十年后仍得承认，不管局势怎样混乱，主持分配的机构还是公道的，配备的名额做到各回各地，还有富余。但是到了系里班里，就不一样了。享受特权的，是那些运动中的积极分子。出身好的，还可以争一争，事实上也没人敢歧视；出身不好的，只能是垫底了。我家在运城，分到汾西县，还不能说多坏；象鋐家在太原，太原有足够的名额，没他的份儿，那就回老家吧，他老家在河津，运城地区的名额并不少，轮不到我，也轮不到他，结果是去了有大骨节病的安泽县。他一待就是七八年，费尽周折，才调回太原。

我是在吕梁山里待了十五个年头才调回太原的。一到太原，就打听象鋐，知道他在太钢中学教书，抽空儿就去了。有同学来太原，只要说想去看象鋐，我总是热情带路。有一年景运则来太原，说要去看象鋐，就是我陪他去的。

前几年，他的夫人包了附近农村一亩菜地，秋天，他邀我一家去采摘，中午饭是在他家吃的，嫂夫人为我们做了河津有名的“菇蕾”，拌有厚厚的酱渍的肉片子，吃起来嘴里流油，却一点也不肥腻。

他的两个孩子结婚，我都去了，同去的还有王昌智同学。

去年秋天，王健秋和赵文生来太原，我最先告诉的就是象鋐，请他务必来。看健秋是一个原因，再一个原因是，我俩也有一年多没见面，趁此机会聊聊天，以慰相思。

王昌智

大学那几年，我不愿意跟某一个同学格外地好。原因很简单，一是自己出身不好，不愿意连累了别人，再就是，也不愿意让人说自己怕孤独，有意讨好什么人。然而，人的思想感情像电波似的，总能在寥廓的天宇里，找到相同的频率暗中相通。

王昌智，什么时候我都认为，他是同情我，跟我心灵相通的。

亲切地交谈过吗？没有。

遇上什么事，共过患难吗？也没有。

可就这么怪，五年里，我总是这么顽固地相信着。

男同学里，昌智是最英俊的一个。个儿高高的，脸儿白白的，这都不必说了，最惹人的，是眉清目秀，鼻梁笔直。去年王健秋来了聚会，昌智也来了，快七十岁的人，仍那么神清气爽，玉树临风。

我有一本老影集，里面同学的照片不多，有一张上面有昌智，不是昌智一个人的，是我、昌智和高俊三个人的。我在中间，昌智和高俊在两边。时间是一九七〇年六月，地址是昔阳县照相馆。

何以会有这样一张照片，且是这样的格局？

前面说过，这年年初，学校战备疏散到昔阳，随即开展“一打三反”，我叫抓了典型，上了批判会，住了学习班。这一住就是两个多月。出事前就该理发了，出了事，明明怕得要死，还自己给自己鼓气，就是不理发，做个蓄发明志的英雄。两个多月下来，真够长的，脑袋稍微往下一垂，头发奋拉下来能遮住眼睛。快毕业了，学习班结束，昌智和高俊邀我去昔阳城里逛逛，顺便理了发。理发前，先去照了相。因为是安慰我，照相时自然让我居了中。

说到住学习班，想起一件事。在昔阳，我们系所在的红土沟村没有煤窑，烧煤要去县东几十里的一个煤窑上拉。平板车，一人驾辕，一人拉套，还有一个跟着，上坡了推推，下坡了拽拽。通常派人，一个是捻军史专家江地先生，一个是正在住学习班的韩安远，再配上一个普通学生，看起来还公道。实际上，最大的不公道是，江地先生五十多岁了，还要做这样的苦役。我们一起出去，论理应当是上坡了，三人协力，平路上我驾辕，他两个跟上就行了。轮到昌智去，他非要驾辕，让我和江地先生跟着。若在平日，这不算什么，谁驾辕都一样，可是人在难中，那份情义就不能不让人热满衷肠了。

昌智是阳泉人，毕业分配时，正好阳泉有一个名额，他又是干部家庭出身，谁也不会挤了他，自然就留在了阳泉。记得我们离开红土沟，是乘的一辆大卡车，拉到阳泉火车站。车票事先已发到手。火车来还有一段时间，昌智邀了两三个同学到他家，他家就在火车站后面的街上。在那里，我们见到了伯母，一个富态的老太太。好像他的父亲早就不在世了，家里就他跟母亲两个人。

我调回太原，在一次同学聚会上见了昌智，正好那几年，他住的地方离我们单位不远。我曾去过他家，见过他年轻的媳妇。这是他的第二任夫人，比他要小十一二岁。他调回太原，比我要早得多，一直在省工商局上班。我们班的另一个老大哥同学阎进中，也在工商局工作。进中的妻子李西梅，也是我们班的。这样，凡有聚会，只要给昌智一说，三个人就全来了。健秋来的那次，就是先通知他，他又通知了进中和西梅。

那次聚会，是多年来同学聚会中最热烈的一次，人多，气氛也好。在校时都是二十上下的人，转眼一个个都成了老翁老妪。喝

了点酒,难免有些感慨。不知怎么说起了我,无非是成了作家云云,昌智接上说:

"咱们班也就怪了,有那么几个人,明明上的大学历史系,不能好好念书了,也没说不让你好好做人呀,把山西大学当成黄埔军校了,净想着怎么整人。"

他说着瞥了我一眼,又接着说下去:

"就说安远吧,人就是直了些,见了看不惯的东西,忍不住说上两句。这是多大的过错,非要整上一顿不可,有什么意思呢!"

多聪明,怎么就想到了黄埔军校。

我笑着制止了他,说,过去的事了,不必说了。

我嘴上这么说,心里想的是,有昌智当着这么多同学的面,这么说上一下,我受的那些罪,也就不算什么了。

今年过年,我在外地看孙子,没有回太原,特意给昌智去了个电话。

他配得上我的一份特殊的敬重。

高俊

我们班里,真正的干部子弟不多,也就三两个。本来我也应当算一个的,一则我家的成分是富农,再则我父亲的干部级别低,也就不能作为我的出身成分。现在说起来有点荒唐,当年可是有板有眼，谁也不敢不遵从的。

不多的几个里，高俊是真正的干部子弟，也最像个干部子弟。

平素的衣服，档次明显要高许多，那时我们还不知风衣为何物，高俊就有一件，米黄色的，不是正经穿着，就那么随意披着，显得特别有风度。再就是，我们这些人，上衣是蓝布的，裤子也是蓝布的；高俊不然，上衣记不得了，有条裤子是驼色的（后来知道那是毛料），裤线笔直。同宿舍的人说，高俊每天晚上睡前脱下，总要将裤缝捋了再捋，叠好搭在椅背上。说这话的人，很是不屑，我相信好多人听了，是当作生活经验记下准备践行的。

也不全是佩服，有件事，当时确是作为笑话说的。

说是高俊有一支竹笛，自个吹过，若短时间内不吹了，多半会勾起食指，像鸡啄米似的，在笛膜之上隔开一点距离，轻轻地啄上几下，最后一下，噗的一声，啄在笛膜正中，将之啄破。说的人说得活灵活现，我当年听了也是觉得好笑，现在不这么看了，笛子既是心爱之物，若不啄破笛膜，放在一边，这个拿起吹两下，那个拿起吹两下，多不卫生。

跟高俊的关系，也有点像跟昌智一样，心里有某种的相通。他是晋南人，又重乡情，来往就稍多些。记得刚去岚县半农半读，正是“文革”前夕的大批判阶段，班上让自主结合批判小组，我和高俊，还有曹三明结合为一个小组，写下批判文章，署名为“高远山”，高是高俊、远是韩安远、山是曹三明的那个三字的假借。文章也有寄出去的，自然不会发表。

光我俩在一起，高俊会说些出格的话。我们这一届学生，是“文革”前最后一批，政审之严真到了匪夷所思的地步。有那么几个同学，可说全是靠了出身好进来的，素质之差出人意表。有一次高俊跟我说，像某某某，怎么会成了大学生，跟这样的人同学，让人恶心。这样的话，我是不敢说的，他说了，我心里赞同，嘴上也不好说什么。

半农半读下去三四个月了，一节课也不上，有一次去大田劳动的路上，高俊说，这叫干什么？整天下地劳动，还用得着上大学吗？

当年八月回到学校，运动就正式开始了，此后直到毕业，没上过一天的课。最热闹的那段时间，高俊背地里仍有好些不满意的话。只有一次，我跟他说了句不该说的话。那也是实在忍不住了才说的。原话记不清了，意思是（“文革”中）一个人的革命热情，跟他的智商基本上是成反比的。他没说什么，直夸我聪明，吓得我再也不敢跟别人说了。

对我的学问，还有写作的能力，高俊一直是信服的。有多少依据，我说不上来，他也说不上来，就是个信且服。在这点上，他是真诚的。有的同学恰恰相反，也是没有多少证据，总是顽强地认定，一个出身不好的学生，思想不好，学业好不到哪里去，文章也好不到哪里去。

高俊的家在太原,父亲是省里某部门的领导,母亲是市五金公司的领导。去了昔阳那一年春节,我回过一次老家,从阳泉到运城,中间要在太原倒车,高俊让我去他家过夜,我去了,伯母将我安置在高俊的房间,当晚吃了顿好饭,临走又是好饭,让我很是过意不去。

毕业后,我分配到汾西县教书,高俊说,他父亲是解放后汾西县的第一任县委书记。我去了汾西,有一次跟县委宣传部的王部长说起,王部长是位老同志,听了马上说,是的,高书记是个有文化的人,不像后来的书记,多是工农干部。还说,他见过高俊,当时不过四五岁,满院子跑,可淘气啦。

毕业时,高俊分在太原,过后又调回运城,先在组织部工作,后来下到县里当领导,又回到某个局当局长。他父亲恢复工作后,当过地区计委的主任,没几年就得病去世了。我每次去他家见到伯母,就想起当年她招呼我吃饭的情景。老人慈祥开朗,一看就是大户人家出来的。他的夫人,俊俏干练,记得叫俊芳,人如其名,是我们那儿说的俏媳妇。

每次去了高俊家,他总惋惜我学习那么好,分配到山里教书实在是可惜。临走时,总要送我个什么,有一次竟将他父亲留下的一套石印的《东周列国志》两函十六册送给我,说在他手里没用,在我手里或许用得着。我后来写《李健吾传》,其中说李父送健吾一套《东周列国志》,跟高俊送我的这套差不多同时出版,便以之作了配图。

前些日子，人民文学出版社要重版《李健吾传》，修订时看到书中《东周列国志》的书影，不由得就想起了高俊同学。愿他一家安好，愿老伯母健康长寿。

二〇一五年四月一日

我的学生一条河

先说是怎样一条河。

熟悉山西地理的人都知道，黄河有条支流叫汾河，几乎贯穿山西全省。汾河又有多条支流，从东西两边汇入汾河。这些支流，在地图上没有名字，全是细细的蓝线，有的还是断断续续的，意思是季节河。

我说的这条河，也是一条季节河，在汾西县境内，从西北到东南，流经整个县域。源头在老爷岭下的师家崖底，往南流经它支村（曾是公社所在地，现在撤了），再往南是勍香镇（曾是公社所在地，现在恢复旧称叫镇）。过了勍香，就变为东偏南方向，流经关子牙坡（上了坡是县城）。再往南，经过滩里、茶坊等村，就到了团柏村（实为下团柏村，过去是公社所在地，现在是乡政府驻地）。继续流下去，是洪洞县的干河村，就注入汾河了。

这条河，以流经的地段，分别叫作它支河、勍香河、关子牙河、团柏河。（这一点，很像浙江的钱塘江，上游叫新安江，中游叫富春江，到了下游才叫钱塘江。）

我说我的学生一条河，就是这样一条河，总名该叫汾西河吧。

这当然是因为，我在这一带当过教员。

一九七〇年大学毕业，分配到汾西县，县上将我分到后山的它支村。那年实行小学“戴帽”，就是将小学改为五年制，五年级升一级，便是初中一年级。我是八月去的，刚刚有了六年级，已有了语文教师，我便代了数学。

过了一年，教育又革命了，全县大办高中。它支太小，不办，团柏公社办了，将我调去当教员。去了人员已满，便教了七年级。第二年，七年级升为八年级（相当于高中一年级），我便代了高二班的语文兼俄语。

等我将这个班送毕业了，教育又革命了，团柏这个高中点撤销了。县上又调我去了后山的勍香中学。在这儿，一待就是四年，教过两个班，一个是高七班，一个是高十一班。

高考恢复后，县上办高考复习班，又调我到县城中学，教文科复习班。将一九七九年的班送走，第二年刚教上一九八〇年的班，中国作家协会办文学讲习所（鲁迅文学院的前身），通知我去，一走半年。从此便离开了学校。

十年间我先后在它支、勍香、县城、团柏教过书，还不是一条河吗？

之所以旧话重提，是因为不久前，高七班的学生来太原聚会，是同学们聚会，也是给我这个老师祝寿。他们能算出来，我整七十岁了。发起这个活动的，是刘宝龙同学。他当年考上武汉电力学院，曾在山西几个电厂任职，退下来了，觉得该让同学们来太原聚聚，看看当年的韩老师。

这个班一九七六年初毕业。当时全班五十人，数人已过世，来了二十几个。说是学生，都是五十大几的人了，有的还是带着孙子或孙女来的。聚会上，一个还当教师的女同学，唱了一首歌，叫《长大后我就成了你》："小时候我以为你很神气，说上一句话也惊天动地，长大后我就成了你，才知道那间教室，放飞的是希望，守巢的总是你！"

她那里唱着，我这里早已流下了眼泪，怕人看见，赶紧背过身子擦了。

两天的时间里，谈得最多的还是当年的旧事。有个叫李保秀的女同学说，高考恢复后，我曾专程到她家里，劝她参加高考。以她平日的成绩，准能考上。保秀说，她是供应户口，刚安排工作，虽说只有二十几元，还是舍不得放弃。很快就后悔了，可也来不及了。有个男同学叫阎志忠，原本就瘦小单薄，如今已全然是个小老汉了。记得我已离开学校，去城关公社任职，他知道我的家属来了，一个大雪天，背着一块杜梨木案板送来，裤腿上的冰碴子嚓嚓地响。这块案板，现在还在我太原的家里，逢上我过生日，老伴做长寿面还用得着。

我没有什么可送他们的,每人送了一本前些年出的自传《装模作样》,另有一幅我写的毛笔字。我的字并不好,是刘宝龙同学安排的,说写幅字最有纪念意义。后来知道,有几个同学还真的装框挂了起来。

高七班祝寿的事,不知怎么让高十一班的同学知道了。在太原的几个人,便商量也来上一次。他们没有发动全班,只通知了在太原的。有几个在汾西县城的学生听说了,也驱车赶来。发动此事的是牛红生同学,当年的班长,后来考上了太原电力专科,毕业后一直在电力系统工作。知道我爱写毛笔字,他特意通过南方的朋友,定制了一个楠木的信笺盒,还配了旧式的铜锁。盒的正面,印着一行字:韩老师石山先生杖国高年。且给我讲了,何以用“杖国”二字。

我听了说:“将来会留下个歇后语,说学生夸老师——没边没沿。”

打开盒子一看,笺纸一沓压一沓,厚厚一大摞,粗略算了一下,竟有两千多页。

现在回想起来,我这一生,最有意义的,不是当作家当主编,该是在吕梁山里教过十年的书。

二〇一七年三月十七日

辑三

我觉得自己更像个卑劣的小人

在一次外单位的会上，与刘淳先生相遇，闲话过后，刘先生说他要编个《黄河》创刊三十周年的纪念文集，让我也写上一篇。知道我当年并非主其事者，刘先生的要求并不高，说不要低于三千字就行了。约稿也是一门艺术，有的要设上限，有的只能设下限。刘先生是个有悲悯之心的人，别看长得那么高大威猛。

事实上，我当年的境况，绝非刘先生的悲悯之心所能估量。

我们这一茬作家里，我算是出道较早的一个。一九七三年参加过北京电影制片厂办的文学剧本学习班，一九八〇年参加了中国作家协会办的文学讲习所。学习结束后，承蒙马烽、西戎诸老师的关照，由学校调出来，安排到汾西县城关公社担任副主任，深入生活，专事写作。此后不久，省委批下十个专业创作编制，不管是从南往北数，还是从北往南数，我都是其中之一。另一个条件更好的，是已获得全国小说奖的成一老兄。

然而，天下事，每每有非常人所能预料者。

在下面熬了两三年，已做好一切准备，要调往省城当专业作家的时候，清除精神污染，这个不叫运动的运动发生了。一九八三年十月，省作协电话打到公社，要我来太原，一来就安排住在作协旁边的一个院子里，怕我紧张，说是好好考虑一下，看自己过去写的东西里，有什么不太正确的东西。我是“老运动员”了，一看就知道，这是办“学习班”。大学毕业前，“一打三反”运动中，就让办过一次；粉碎“四人帮”，“揭批清”运动中，又办过一次；这该是第三次了。

何以这次是办班，又不像是办班呢？这是因为，要我回来做检查，是省委宣传部的指令，省作协只是执行而已。知道我不会跑，也就不多管。过了不久，省作协开了个会，把成一也叫来了。会完了，成一可以回去，而我，还要留下。成一也真够意思，见我不能回去，他也不回去了。我知道，他原平家里正在打家具，说你回你的吧。成一说，没事儿，陪陪你吧。那几天，我们俩天天在街上吃饭，时不时地还喝口小酒。过了几天，像是没有什么大动静，老王就回去了。——这里说成一，是为了让人知道是谁，突然又改口说老王，是我当年就这么叫他。

没多久，在晋祠召开了全省宣传部长会议，省作协的几位老领导都参加了，青年作家参加的也有好几个。我在这个会上做了个检查。记得当时的宣传部长是刘舒侠，我发言时，就坐在他旁边，见我说话结结巴巴的，他特意递过一杯茶水，说不要紧张。

会议完了，我还不能回。有次在作协院里，遇见马烽老师，他问石山还没回去？我说没人让我回呀。马老师略一沉思，说道：算球了，干脆回来吧。又一思索，说你先回去，过一段来了再说。

再来的时候，作协和文联要分家了。成一的调动已批准，而我的搁下了。一次在机关院里，遇见胡正老师，说到调动的事，胡老师说，没问题，正要用你们哩。他说这话的前提是，省委已内定，作协文联分开后，胡老师将出任作协这边的党组书记，就是一把手。

就在正式分家前，最后一次党组会上，我的调动也批准了，接下来是办手续。

那时办调动，不经过组织部，宣传部就可以调人，办所有手续。记得拿上调动手续后，我心里真是感激万分又感慨万千。多少年来，我的人生目标，就是把老婆孩子转为城市户口，过上城里人的生活。为此，在吕梁山里，苦苦奋斗了十几年。而办这个事的人员，对这样神圣的一件事，竟是那样的漫不经心，只是在我的调动手续表的家属一栏里，写了两个字：随迁。

到一九八四年秋天，胡正老师已当上了省作协的党组书记。开了一次创作会，是在并州饭店西楼开的，会上提出要办个大型文学杂志，让大家想名字，记得是权文学，或是谁，提出叫“黄河”。胡老师口气很大，说谁起的名字用了，给谁发个起名奖。

名字有了，再下来就是筹备了。开了党组会，定下筹备组由五人组成，这五个人，我记得是胡正、焦祖尧、成一、郑义和我。老胡和老焦，都有行政工作，分不开身，做具体事的，是成一、郑义和我。而郑义那时刚得了奖，正红，外面的邀请多，应酬多，偶尔见上一面，过几天又不见了。这样一来，具体事差不多就全落在成一和我的身上。

当时我俩就住在现在机关院南楼二层一个房间里，两张单人床，一人一张。吃饭在灶上，工作休息全在这个小房间。现在杂志封面上的“黄河”二字，就是借来一部四体大字典，挑来挑去，挑了王羲之的两个字。当时我们还开玩笑，说晋人的字，用在晋省的刊物上，挺般配的。

有件趣事是，我睡觉爱打呼噜，而成一睡觉又轻，不能有任何打搅。通常是睡下了，说上两句话，我就睡着了，随即呼噜声也就起来了，一声接一声，周而复始，无休无止。成一翻来覆去睡不着，只好忍着，有时实在忍不住了，起身下床推推我，很是抱歉地说：“石山，石山，声音太大了。”我呢，糊里糊涂的，感觉不是我打扰了他，而是他打扰了我，欠起身子说：“没关系，睡吧，睡吧。”一躺下，又呼噜起来了。成一后来对我说，遇上我这样的人，他是一点办法也没有，只好眼睁睁地等着天亮。

别看晚上，一个人总也睡不着，一个人睡得像死猪，实际上，两人的心境并不相同。

老王可以说，是一心一意在办刊物，实现他上大学时的文学梦想。

我呢，严格说来，还是负案在身，说是在办刊物，更多的是等待，是观望。清除精神污染，是停下来了，并不是说不搞了。给人的感觉，随时都可能再搞起来，而再搞起来，我是绝难逃脱的。只盼着作协早点给了房子，那样，就是我有了什么，老婆孩子总算是回到了省城。

参加《黄河》的筹备，对我来说，最大的益处是，不光调回作协，还有正经事做，不再像几个月前，待在这儿等着如何挨批。

对我的处境，成一很是体谅，多次说，过去了，就没事了，别老是自个儿解脱不出来。

患难见人心。有这一段的相处，往后三十多年，不管彼此的境遇有什么不同，我从未与成一高声说过一句话。

最让我感动的，还是胡正老师。

一次在院里闲谈，我把自己的担忧给胡老师说了，胡老师哈哈一笑，说，这个事，你不要考虑，你再考虑也不抵事，交给我吧，你好好做刊物上的事。

他的意思是，真要什么灾祸来临，他会化解的。有他这话，我心里踏实了许多。

也就在这前后，山西日报社文艺部的赵修身先生，让我去了一次，不是组织批评文章，而是想办法，怎样让我能过了这一关。

最后商量的结果，是让我写一篇自我批评文章，过后再发一个有亮点的短篇小说。我都办了。记得文章的名字叫《在探索中前进》，小说的名字叫《春雨》，暗喻这次的清除精神污染，对文学创作来说，像春雨一样的及时，像春雨一样的有益。

看来是真的过去了。

人的欲望，是一步接着一步来的。刚开始办刊物，图的是调回作协，且有个正式名分，待到进入五人筹备组，筹备进入后期，就会想着让自己当个什么了。我原先以为，胡正是组长，焦祖尧是副组长，我们三个是组员，那么正式出刊，胡正就是主编，焦祖尧就是副主编，我们三个，只能在编辑部主任、副主任上分配了。那样的话，成一是当然的主任，郑义和我，就是副主任了。

胡正老师的胸怀，真不是我们能想象的。不记得是什么形式了，那时他虽是党组书记，并没有自己的办公室，常是要办什么事了，就去谁的办公室，或是把人叫到机关办公室，这次是在我们的楼上，还是在机关办公室，确实没有一点印象，总之是，他公开说了，他和老焦，谁也不当主编和副主编了，就让成一他们去干吧。

天下竟有这等的好事！那时，正是他们这些老作家出来做事的时候，好多比他年龄还要大的老作家，正在当着主席、主编什么的，而他竟什么都不要。还得要说，在这件事上，老焦也同样表现了一种高风亮节。我从未听人说过，老焦对这件事有什么不满。按说老胡不干了，他是最有资格干的。

人的欲望,不光是一步接着一步来的,还是越来越大的。这个时候,我就想,胡、焦二人不当主编、副主编了,那么我们三个人里,自然是成一当主编,我与郑义当副主编了。同样是副主编,郑义的文学成就比我大得多,工作能力也强得多,排名当然在我之前了。

又是一个没有想到。开过党组会,正式排名下来了,成一主编,两个副主编,我的排名在郑义之前。这让我既欣喜又愧疚,一时间不知该说什么才好。

不管怎样,总算是回到了作家协会,且成为一个刊物的副主编了。

现在说这些,我的心情很平静。实话实说,比什么都好。总括起来,一个最大的感受是,在整个筹办《黄河》期间,跟胡正老师的品质,包括老焦的品质相比,只说我,不说别人,我的所作所为,不像个坦荡君子,更像个卑劣的小人。

二〇一五年二月十七日

十年逃离路

肯定全是自己的不好,比如明明生性浅薄见色心喜,却偏要装作一副柳下惠坐怀不乱的怪样子;明明利欲熏心思官若渴,却偏要装作一副陶靖节不为五斗米折腰的丑态。到了公元一九八九年的春天,在生活了数年的这个城市里,我已到了艰于呼吸的地步,一连几个不眠之夜的思考之后,我决定逃离这个地方。

说全是我的不好,绝不是故作旷达的调侃,而是深深的自省与自责。说艰于呼吸并非不能呼吸,蜷缩了身子,再低的屋檐下也能生存。道理再明白不过,这个省会城市少说也生活着二百万的人口,不敢说人人安居乐业,至少表面看起来熙熙攘攘,一派歌舞升平的景象。最强有力的反证是,在街头有本地的乞丐,在周边的煤矿里有外地的民工,他们不都在这儿日复一日地活着吗?说逃离也不是什么夤夜翻墙而走,而是一个切实的计划。主意一定,仿佛那勒在脖子上的绳索松开了不少,呼吸顿时顺畅了许多。

有期徒刑与无期徒刑，对罪犯精神上的作用，大抵与此相仿。

再说我那切实的计划。

在这儿我是专业作家，这算是职务；职称呢，全称是一级文学创作员，将那个“员”字换成“家”字，再将“文学创”三字省略，就可说是一级作家了。一级作家是正高，若在研究机构，相当于研究员；若在高校，就相当于教授。不管是高了还是低了，相当于什么肯定不是什么。还有人说正高职称相当于干部的厅局级，太原市的市长不过是厅局级，只有疯子才会说一个一级作家相当于省会城市的市长。

若真是个教授，在高校之间调来调去，不是难事，作家可就没有这个方便了。先不说你山西的一个一级作家，到了别的省说不定连二级也够不上，就是够上了，哪儿的作家协会，也不会从外地调一个大爷进来供养着。本地的大爷们还今天闹房子、明天闹待遇，闹得领导不得安宁呢。再说，我空负着个一级作家的名头，实际上既没获过全国性的大奖，也没有写出过轰动一时的大作，充其量只能算个三流作家。别说是外地作协的领导了，换了我，也是宁愿调一个勤杂工进来给他作家的工资，也不愿调一个作家进来哪怕他情愿做勤杂工。

外地作协是不用想了，敢想的是外地的高等院校。北京、上海的高校都是虎踞龙盘，自然不敢想望，敢想望的是南方一个不大也不小的城市，一个门槛不怎么高的高等院校，比如高专之类。

为什么是南方的一个不大也不小的城市，而不是北方的一个省会级的城市呢？在我的小心眼里，南方乃山清水秀之地，一个不大也不小的地级市，足可以抵得过北方的一个省会市了。至于为什么选择高校而不选择研究机构，那是因为我当过十多年中学教员，喜欢教书这个行当，当教授可说是年轻时的梦想。研究机构的工作也是坐在家里的时候多，跟作家协会没有太大的差别。

要进高校，有本学术著作才好说话。你一个作家，在人家看来肯定是桀骜不驯那路货色，没人会要的。而一个在野的学者，听起来就可爱多了，盛世哪能让遗贤在野地里风吹日晒加雨淋。

写什么？我大学念的历史系，平日看书最爱看的也是学问方面的书，这事儿可难不倒我。跟前就有个做学问的朋友叫谢泳，跟他商量了几回，就定下了写《李健吾传》的方案。收集资料，编订年谱，一步一步，全是按做学问的路子做的。用了三四年时间，写出来了也要出版了。然而，又是这个谢泳，一句话就把我的兴头浇灭了，他说这几年高校的风气变了，调进的至少要硕士学历，博士更好，断不会因为一本书就聘一个在野之人当教授的。

那就考个博士吧。那几年我一直订阅《光明日报》，一天忽然看到一篇文章，是中国社科院的党委书记翁杰明先生写的，说他们那儿怎样加强博士生的培养，便给这位翁先生写了封信，说我多大了，什么学历，什么职称，想考他们那儿的博士生，问还有些什么条件。不久翁先生回信说，按国家规定考生年龄的上限为四十五岁，考虑到你的情况较为特殊，可以不受此条件的限制，但外语是必须考的，可在英、日、俄三语中任选一种。这个回信让我大喜过望，说干就干，第二天还是第三天，就去本市解放路书店买回了几本俄语语法书，当即就嘞嘞地念了起来。初中高中学了六年俄语，自认为一旦捡起来，功夫下够，考试过关不是难事。与此同时我打听清了，社科院现代文学的博导是张恩和先生，就计划什么时候去了北京上张府拜谒，烧烧冷灶，给未来的导师留下个“张”门立雪的好印象。这是一九九六年春天的事儿。

念俄语太费时间，没过多久就放弃了，不死心的仍是去个门槛不怎么高的普通高校。我就不信我这么大的本事，连蒙带骗去不了一个差点的大学。曾应了一次重庆师范学院的聘，给人家说得天花乱坠，说什么若一朝聘了我，就组建一个现代文学研究室，不出数年，贵校的现代文学研究事业必巍巍然雄踞全国前列，北大、复旦怕都要瞠乎其后了。人家没有信这号鬼话，只是客气地说，欢迎韩先生有时间来敝校一游。

也是意兴阑珊再加上恼怒不已，也是想引起各地高校注意，中国的野地里还有这样一个遗贤没有起用，我曾专门写了篇文章，叫《我的教授梦》，刊登在一九九九年十一月三日的《中华读书报》上。这一招果然灵验。不久便收到无锡教育学院中文系主任王咏枫先生的来信，说他们学校很快要改名为江南大学，问我可愿意来无锡任教。谁说天上不会掉馅饼？这不就是一个又大又圆馅儿又香的!

几次书信往返之后,二〇〇〇年春天便与妻子去了一趟无锡,可以说是应聘,也可以说是考察。学校待我们真是诚心,连预备的房子都让我们看了,就在太湖边上,一百二十多平方米,三室两厅,还是二楼。陪同我们看房子的是学校人事处的一位副处长小杨。大概看着我怎么也不像个教授,一路上不停地问这问那,总想套出点什么。

"韩先生一定享受国务院特殊津贴吧?"

"没有。我们那儿像我这样的水平是不够格的,比我强的车载斗量!"

"韩先生一定跟原单位的领导关系不错吧?"

"谁当领导我都把他们当国家主席一样地尊敬,人家怎样看我可就不知道了。"

"韩先生学问这么好,怎么不去山西大学当个教授呀?山西大学可比我们这么个教育学院强多啦。"

"山西大学是我的母校,我的底子……"本来想说"我的底子他们全知道,也就绝不会要我",一想这不是说漏了嘴吗?马上改为"是在那儿打下的,再回去没啥意思"。

"韩先生现在还是《山西文学》的主编,要是来了我们学校,刊物怎么办呀?"

"我这个主编只是挂个名儿,当不当无所谓。"

晚上回到宾馆，跟妻子细细商议，觉得这个学校还是不太理想，一是学校规模太小，甚至比不上我上高中的那所中学气派；二是看了教授们备课的地方，在一个大房间里，跟中学的教研室差不了多少。这样的地方怎么能来呢？第二天见了王主任和杨副处长，他们问我的感受如何，我说很好，回去后考虑考虑再做决定。回来之后，再也没提这回事。

从一九八九年到二〇〇〇年，十一二年间，几度风雨几度春秋，几度冲刺几度折翅，都没能逃离山西。转眼间已到了告老还乡的年纪，我真的不知道，我没能逃离山西，是我的不幸还是山西的不幸。如今我就像当年的苏三同志，走在出了洪洞县的路上，叫一声过往的君子们呀，请你告诉我！

二〇〇七年二月十九日

抚信欲哭泪已干

——重读西戎先生给我的几封信

一

录入，校对；抽出，展读，装起；再抽出，再展读，再装起。每次抚弄那或黄或白的信封，展开叠起那多少有些发脆的信纸，我都有一种想哭的感觉，却流不下泪来。我知道，我的泪在过去的年月里，早已哭干了。

这些信，是多年前应一位老画家的女儿的要求，为找出她父亲当年给我的信，翻查历年积存的信函时，顺便检出的。我把它们装进一个《山西文学》的白色信封，工工整整地写上“西戎老师的信”，搁在书柜的一个隔层的外沿。我知道往后不定哪一天会用得着的——我欠它们的主人的债太久了。

欠债总是要还的。

债者，文章也。

本来这文章，五六年前就该写的。

二〇〇〇年春天，我与曹平安、陈玉川等朋友，拟编一本《西戎先生八十华诞纪念文集》，年底印出，作为一份寿礼，献给病后一直浑然不觉地躺在病床上的西戎先生。我们没有钱，采用了民间募捐的办法。为了取信于人，特别规定，组织编委会而不立什么主任之类的头衔，凡捐款者均为编委会成员。公告刊出，捐款者十分踊跃，很快便募集到两万多元。募集捐款、收集稿件等重任，由曹、陈二兄分任，编纂成书这样的事儿，只能由我来承其匮乏了。看到许多朋友写了文章，寄来西老的信件，我本想拿出自己保存的信件，并写篇我与西老交往的长文，考虑到我在编书，收入关涉自己的东西太多会遭人非议，便打消了这个念头。除将一新一旧两篇短文收入外，信，一封也没有拿出。紧赶慢赶，还是迟了，不等我们的文集印出，西老已驾鹤西去。八十华诞的纪念文集，只好于临印前改为《西戎纪念文集》，成了一份迟到的灵前的祭奠。

说是一本厚厚的书，权当是一串轻轻的纸钱吧。

有妻子的关爱，有儿女的孝顺，还有你在文学上无可争议的声誉，西老，你该瞑目了。

你能瞑目吗？

多么和善的一位老人，去世前的十一二年，再也没有了往日开朗的笑声。他那敦实的身躯,往昔堪称硕健,然而,自从十一二年前的那个冬天起,明显地矮了一些。从巷子里走过,看到那踽踽独行的身影,人们能够想到,老人的心里不定怎样的凄苦,怎样的苍凉。

不光是我,还有许多人,都知道老人心底那化不开的郁结。

那些年我常想,他为什么不大声责骂几声呢,就在某次会上,他是常参加会的,就站在自家门前,那多方便,纵然惹人耻笑,发泄一通自己心里也会舒畅许多。这样憋下去,常人都受不了的,何况是一位已过花甲之年的老者。然而我更知道,声誉制约着他的行为,教养不给他这个方便,一辈子含辛茹苦,到了这个年纪只能还是含辛茹苦。所不同者,先前是辛中有甘甜,苦中可作乐;现在呢,辛只是辛,苦也只是苦。

写点什么,把知道的全写出来,不光是为了这位可敬的老人,也是为自己心里的悲伤,还有无以排遣的愤懑。此后几年间,不止一次地动过这个念头。有时夜已深沉,家人都已入睡,独自坐在书桌前,由不得又想到了这上头,一想到这上头,就由不得血脉偾张,浑身颤抖不止。

我知道我要写,会写出什么样的文章。我知道这样的文章,会产生什么样的效果。多少人会暴怒,多少人会羞愧,而这样的效果,怕连西老的家人也不愿意见到。死者长已矣,何必再勾起刚刚平复了的痛苦。

然而,众人讳莫如深,缄口不言的事,就是没有发生过吗?

一个声音,近二十年了,都没有从我的耳际消失。

一九八八年底的那次换届选举,西老听信了当时省委某些人的安排(后来证明是一个骗局),参加主席差额选举落选之后,要退出副主席的选举。经驻会的某委省负责人同意后,在主席团会上念了自己退出下一步选举的声明。一个后来成了“大气功师”的青年作家,马上站出来,操着尖厉的嗓音,振振有词地说,选举法一经通过便如何如何,西方的法律又是如何如何,总之是不能半途退出,必须参加副主席的选举。除了少数人或许心中暗暗叫好之外,大多数与会人士看出了老人心里的悲苦,看出了这样下去会是怎样的残酷,还是接受了老人的选择。

真是丑恶啊,一遍一遍的揉搓,一次一次的羞辱,还居然平挺着他们得意的面孔。

整个选举如同一场恶战。给我的感觉,如同在演着一出现代版的《金沙滩》,还是蒲剧的,这是老人生前最喜爱的剧种,最对他的脾胃。

急骤的鼓钹声中,背插靠旗,白发披拂,肩头中箭的老令公,脸面朝后,双手托刀,踉踉跄跄地退着上了场。四面杀声骤起,番兵番将们一拥而上,将老令公团团围住。老人待要举刀砍去,定睛一看,眼花缭乱,恍惚间哪有什么番兵番将,分明是他的一班儿郎,还有焦赞孟良。老人大吼一声,口吐鲜血,身子往后一仰,直挺挺地倒在地上。众番将见状,大惊失色,慌忙后撤,向萧太后报功去了。鼓钹声再起,老令公手拄刀柄,艰难站起,瞥一眼远逝的番兵番将,冷笑一声,念道:狗屁子弟兵,全是白眼狼,早知是这样,不如我先降!

别以为我又犯了偎佻不经的毛病,不是的,白脸狼之讥,是大会结束的那天,老作家郑笃先生当着全体与会者之面说出的。当时并无一人起来反驳。

就在老人退出副主席选举的那个夜晚,在迎泽宾馆的一个房间里,我和权文学先生说着说着,不由得悲从中来,冲进卫生间号啕大哭。老权几次劝阻都劝不住,末了只好说,你就好好地哭吧。

不管别人说什么,我总认为,这次会议是老人晚年郁郁寡欢的起因,也是多年后一病不起的根源。

有儿女的关爱,有身外的荣宠,然而,总也排遣不掉的,是心底的悲怆。一辈子为山西文学事业付出,为培养年轻作家付出,却是这样一个结局,谁敢再说好人一定会有好报?

多少年了,总想写点什么,但我知道我不能写。

一想到这里,我的眼泪就不由得溢满眼眶。我恨自己的无能,我恨自己的怯懦。

今天,多少年后的今天,再一次默默地读着老人的这几封信,我知道,我能写了。不是时间抹去了伤痛,也不是世事给了我宽恕,是我知道,十多年的跌打磨砺,我早就已不复有当年的心性。

什么勇于任事，什么刚直不阿，不过是我婴儿时的尿布，孩提时的鞋袜。我早已变成了一个卑劣的小人，一个俗透了的凡夫。卖文为生，苟活人世，再激愤的事情，在我的笔下，只会作平静也平庸的陈述。

唯一的祈望只是，但愿重读这些信函，能找回我一点久违了的良知。

二

西戎给我的信，共八封。实际不止这个数字。但我不想再去翻找了。

关涉的事情，约略说来有四件，一是推荐出版我的小说集；二是将我从汾西中学调出，安排到汾西县城关公社任职深入生活；三是“清除精神污染”运动中对我的保护；四是将我调回省作家协会。后面两件事，又是连在一起的。

先说第一件事。

还得先说怎么跟西戎相识的。

“西李马胡孙”，这是人们对山西文坛五位老作家的戏称，可读作“稀里马虎孙”。“文革”后期下放归来，恢复文联（当时叫文艺工作室）时，李去了市教委，在文联的“西马胡孙”四位，我认识最迟的是“西”。

马（烽）和孙（谦），一九七三年冬就认识了。这年夏天，我在汾西县上团柏中学当教员时，写了个电影文学剧本《山里的秋天》并刻印出来，装订成册。那时样板戏电影还没有出来，我给北京电影制片厂寄了一册，记得还给国务院文化组（文化部）寄了一册。到了十一月，北影通知我参加他们办的电影文学剧本创作学习班。一去就有人告诉我，你们山西的老作家马烽和孙谦就在楼下住着，正写电影剧本《山花》。多么难得的机会，我的欢喜自不待言，遂抽了个空儿去看望，正赶上孙谦给马烽说他头天晚上的一件奇事：晚上睡下咳嗽得厉害，腿脚都震得举了起来，一个小脚指头，不偏不斜正好挑住了桌上茶杯的把儿，茶杯掉到地上摔了个粉碎。

胡（正）是在其后一两年，通过山西大学的姚青苗先生之介认识的。去过他在市政工程局的临时宿舍。

西（戎）是晋南人，我早就知道，几年间却无缘相识。直到粉碎"四人帮"的那年冬天，去北京送一个长篇小说稿子，路过太原，才去家里拜访了这位敬仰已久的老作家。他的晋南话，让我听起来特别亲切，一来二往就熟悉了。每次去了省作协的巷子，总要去他那个院子里坐坐。

我送到北影的电影剧本，几经修改，还是失败了。不甘心，又以此为题材写了部长篇小说，曾送西戎看过。一九七八年有个机会去上海，住在南京饭店，闲来无事，心想何不利用这个机会再写个电影剧本呢。说干就干，白天在房间里写，晚上怕影响同房间住客休息，就买上蜡烛点上，在楼道里写。也就四五天的时间，写了个三万多字的本子，给上海电影厂文学部送去了。送之前动了个心眼，想到这几年写电影剧本所以失败，怕是自己的名声不大，若能挂上个名作家的名字，效果会好些。谁呢？一下子就想到了西戎老师。一面给他去信说明原委，一面就送去了。实际上西戎对这种近乎先斩后奏的做法并不赞同，甚至有些反感。这是我后来才知道的。

事已至此，他还是支持的。这个剧本，后来也没有什么结果。失败了。

那几年我的主要精力放在写短篇小说上。有次在西家闲谈，西老师说，你该出个短篇小说集了。我是何等乖巧的人，当即说，要是出集子，西老师一定要给我写个序呀。西戎未置可否，只说先编起来再说。

我那时真是利令智昏，一听说可以出集子，那股邪劲就上来了。有个短篇放在《上海文艺》编辑部好长时间了，说发总也发不出来，便给《上海文艺》编辑部的唐铁海先生去信，说西戎老师跟我说了，要我编个集子，希望你们能尽快发表，以便收入集子。唐先生回了信，夸了《汾水》并说尽快刊出。这就是一九七九年第二期上登载的《猪的喜剧》。我一高兴，便把唐先生的信给西戎寄去。西戎一看就不高兴了，回信狠狠地教训了我一通：

> 我希望你编个小说集,也是促使你更加信心百倍地刻苦努力,但是为了编集子,以我的名誉催人家《上海文艺》早点刊用你的小说,这就有点急于求成或近乎"施加外力"了。我不太喜欢这样的做法……写作就是要默默无闻,埋头写,一篇又一篇。不要一字未写,广告乱贴,那不是写作家,而是文艺交际家,我很不喜欢这样的作风。

话是这么说,他还是喜欢我的,编集子的事一直记在心上。先跟山西人民出版社的林有光先生说了。及至编起,看山西这边似乎并不热情,又利用熟人关系推荐给上海文艺出版社。不光这样,对集子中收入的作品,全都细细看过并提出中肯意见。一九七九年九月八日寄到汾西中学的那封信,将近两千字,谈的全是这个事儿。

你看他说得多细。《猪的喜剧》中有一处,我是这样写的:万平老汉代枝儿妈缴了罚粮,这个秘密很快被揭穿,老汉"未开口先红了脸"。西老师信上说:"此种形容不确。几十岁的人,不是小姑娘,不会因此而红脸,倒是可能有点不自然,甚至还自豪。"又说:"最后结尾,枝儿妈最好不再出场,转变起来总有些做作,让她暗转,而遣使枝儿送来粮食更含蓄。如今让她出来哭泣痛悔一番,不但不能感人,反而破坏了全作品人物的艺术真实,也就给人留不下多少可以深思的东西。"还有那篇《争》,我写得太直露。他在信中说:

第六节老郑从公社开会回来，回忆，以及走进大队部……以下可以删去，把第五节的内容全部移此，然后接第六节中公社黄书记来和郑的一段对话就可以结尾。那些各小队自报余粮，瞎老婆交余粮，以及最后回忆革命战争史的那些所谓光明尾巴，均可删去。而且表现方法也有陈旧之感。作品到此完成了人物的塑造，矛盾也提了出来近乎解决，并且也有作者的爱憎，那留下的问题如何解决，就让读者去思索吧！都说完了，也不一定就解决问题。

写到这儿，我翻开《猪的喜剧》这个集子查看，发现“未开口先红了脸”改了，而《争》的第六节，还是老样子。真蠢呀，这么好的建议竟没有接受！

上海文艺出版社的领导，对西戎的推荐很重视。一九八〇年夏天，我在北京文学讲习所学习时，一天，来了上海文艺出版社的两个编辑，说他们这次来北京出差，其中一件事就是跟我商量出集子的事。原先编起的集子有点单薄，问我能不能把这一段时间写的小说也收进去。我当然愿意啦。讲习所回来后，便将新发表的作品寄去。第二年夏天，一得到集子发稿的消息，西戎就写信给我，说“你的小说集，总算发稿了，我亦时常想念此事”。

一拖再拖，小说集直到一九八二年六月才出来，名字叫《猪的喜剧》。这是我的第一本小说集子，也是那些年山西青年作家在外地出版的第一本小说集子。

此前还有个写序的事。西老师说还是让我先写个“自我鉴定”,他再在这个基础上写。实际上,我写出的那篇东西,他并没有用,只可说是参考了一下。我写了千余字,他的序有三千字之多。

在我写作起步的那几年,西戎给我的帮助和鼓励,什么时候想起来都让我五内铭感,难以忘怀。“在我接触的年轻作者之中,你是既有事业心又十分勤奋的一位”,在一个人刚开始创业的时候,还有什么比这样的话更能激发他的创造力的!

我后来写作上没有什么大的出息,实在是辜负了他老人家的期望。

三

我的事儿也真多,不光有写作上的事,还有生活上的事。

一九八〇年三月上旬,我在汾西县中学教书,忽然接到中国作家协会的一封信,让我参加他们办的一个文学讲习会,时间是半年。这让我很作难。春季开学后,将妻子和一双儿女都带到学校,想过一段平静的家庭生活,刚安顿下来,真不愿意马上又离开他们。再说,刚带上一个班,教了一学期,扔下也不像话。我给中国作家协会写了封信,说我不能去。信放在桌子上还没发出,一天,一位朋友来我处闲坐,见我给这个地方写信有些奇怪,问是什么事,我拿出通知让他看了,他说,这可是大好事,怎么能不去呢。

去就去吧。不去,我也觉得怪可惜的。

妻子儿女刚来,也不能马上把他们送回去,就让他们暂且在学校住着,待天气暖和了再回去。

北京规定的报到日期是四月一日。我提前一天离开汾西。路过太原,去见西戎,正好省里要开文代会,开会的时期是四月三日。我说,是不是等两天,参加过文代会再去北京。西戎说,你去吧,这儿已内定你为理事,在不在都一样。这样我就于当晚去了北京。

到了北京,自然要给西老师去信问安。第一封他没有回,第二封信里,我提出报销路费的事儿,他回了,说"果真学校有困难,作协可以按规定办理,你可不必为此忧虑"。实际上,在我从事业余写作的那些年,作协为我报销路费的事,不止这一次。几乎每次来太原,西老师见了总要问,路费有困难吗?他知道,在学校工作,这是个事儿。

这个讲习会,后来改成讲习所,再后来改成鲁迅文学院,那已是我们结业一两年之后的事了。学习时间半年,国庆节前离校。学校出证明可请两个月的创作假,我给汾西中学说明情况后,就直接回了老家。

在外面跑了半年,心大了,不想再教书了。

那时,省作协的编辑部里,有几个年轻人,都是前几年从基层调去的。我也想去当个编辑。未必明确,总是吞吞吐吐地说过这个意思。不光跟西戎说过,也跟马烽说过。那时省文联(作协属文联管)是老马当家,老西管事,这个格局我还是知道的。大事得老马点了头才行。

实际上,在我动心眼的时候,老马、老西早就考虑过这个事了。

这年冬季的一天,在文联院子里遇上老马,他说,石山,来我家里一下。

到了家里,他说,你现在写作势头正好,不必去编辑部,还是在下面多待几年,多写些东西。学校工作太累了,没法写作,我们研究过啦,想让你下去挂职,当个公社副主任什么的,一面深入生活,一面写作,你看好不好?

当然好啊。我喜欢得什么似的。

你是想回你临猗老家呢,还是就在汾西?

就在汾西。

这个账我能算得过来。在汾西,我就可以将妻子儿女接来并转为城镇户口,在老家就没有这个方便了。我把这个意思跟老马说了,老马说,这样吧,你替我们写个报告,给省委宣传部。你觉得怎么对你的这个事儿有利,就怎么写,不能太露了,含蓄点。

从老马家出来,又去了老西家。老西笑笑说,这事儿他们昨天刚研究过,几个老同志都同意这个安排。回到招待所,我就写了个报告。关于家属问题，记得是这样写的：韩石山同志去基层任职后，希望当地政府给以支持，解决生活方面的困难，以免后顾之忧。后来我妻子儿女城镇户口的解决，其政策依据就是这句话。

报告送上去，很快就批下来。我又去了趟太原，拿上批件，去了临汾地区教育局。当时中央有文件，凡是过去从学校调出去的教员，都要回到教学岗位，当时通行的说法叫“归口”。就在这个节骨眼上，我却逆潮流而动，从教育口调出来了。

批件上明确写着，去汾西县一个公社任副主任。去哪个公社呢？要下乡深入生活，当然是离县城较远的公社，我才不想受这个苦呢，就选了城关公社，说白了就是在县城。且马上把老婆孩子都接了过来，转为城镇户口后，又通过县上的关系，占了一个民办教员转正的指标，将妻子转为正式干部。只是不上班，也不领工资。我的目标很明确，全家去太原。这时已是一九八二年底，我知道省上有了专业作家的指标。

公社的生活平平静静，主要是写作，也帮助公社做些比如夏征之类的事儿。

平静中也有不平静，一件突如其来的事儿，弄得我焦头烂额，一筹莫展。

什么事儿？

结扎！

当时县上计划生育搞得正凶，硬性规定，凡是副局级干部，有两个子女的，夫妻双方必须有一方做绝育手术，拒不执行者，一律开除公职。我这个公社副主任，自以为是挂名的，但在县上的干部序列里，却是货真价实的。我有儿有女，绝不会再生第三胎，但结扎这个事儿，不管是妻子还是我，都绝不会听命的。县上一些干部知道我这个态度，说是咱们看韩石山吧，他能顶住咱们也能顶住。有些干部抗不住，或妻子或自己做了。县委书记亲自给我做工作，说你看嘛，这是上头的政策，你顶住不做，我们不好交代呀。

眼看期限到了，我愁得什么似的，天天坐在家里唉声叹气，只恨自己当初不该从学校调出来。要是还在学校，一个普通教员就没有这个灾难了。

突然有一天，一辆吉普车驶进公社院子，我从窗户上看见，这不是临汾地区文联主席郑怀礼嘛。心想，也许老郑是来汾西开会，顺便看看我的吧。

说话间老郑进了我的住处，一见面二话不说，只说你的事儿我知道了，走，到临汾去，你跟你太太都去！

他说的事儿，就是结扎。到临汾又能怎么样，莫非能让地委书记给通融一下？

没有多想，我和妻子坐上车，跟上老郑到了临汾。小车直接开进地区医院，下了车，老郑领着进了一个诊室。进去之前特别关照我妻子,一会儿检查时,不管摁你哪儿,问你怎么样,你只说疼就行了。

几个疼字说出,医生给开了一张不宜做结扎的证明。而这正是县上规定的可以不做结扎的特殊情况。老郑是地区的,这一段全地区都在做这个事儿,政策他吃得比谁都透。

总算躲过了这一劫。

多少年了,我总也不明白,老郑和我关系平平常常,怎么就这么见义勇为呢?顶多是他爱才,我大小算个才,可是个才就值得天兵天将似的下凡来解救吗?

直到不久前,为了写这篇文章翻查旧信,无意中看到一九八三年某月某日我在太原给妻子的信,才明白了这个多少年没有解开的谜。信中我说,这次来太原,把结扎的事跟西戎老师说了,西老师说他会想办法。只怨我当时太发愁,以为说了也是白说,他在太原,怎么管得了县上的事儿。

肯定是西老师跟郑怀礼说了,郑怀礼才下凡来解救我们的。

在汾西县城关公社前后待了三年多,前面的两年多,是我写作上的黄金时期,中篇短篇,散文随笔,一年总共发表十几二十篇。以一九八二年为例,各类文体的作品有二十多篇,光中短篇小说就有十五个。两三年间,全国的省级文学刊物,几乎让我扫荡了一遍。

这样写下去,啊呀,那还了得!

木秀于林，风必摧之。正当我那浅薄的本性暴露无遗，扬扬得意自命不凡之际，一个巨大的黑影已悄然临近，而我这个愚蠢的家伙，竟无事人似的浑然不觉。

四

内部文件看不到，无法征引，且让我引用几段《人民日报》《红旗》杂志等中央报刊上的话吧——

> 要建立一支坚强的马列主义的理论队伍。抵制和消除资产阶级和其他剥削阶级思想的精神污染……（王震《高举马克思主义社会主义旗帜，防止和清除思想战线精神污染》，载一九八三年十月二十三日《人民日报》）

> 一切精神污染，不论内容怎样光怪陆离，实质上都是资产阶级和其他剥削阶级腐朽没落的意识形态的反映，是同共产主义的思想体系和社会制度根本对立的。生活中粗俗蒙昧的迷信活动和不堪入目的黄色污秽，具有极明显的封建主义和资本主义性质，自然不必细说；那些宣扬资产阶级自由化思想，宣扬极端个人主义、无政府主义、虚无主义，悲观厌世的文艺作品和理论文章，其性质并无两样，只不过是采取了较为曲折和精致的形式而已。（施友欣《思想战线不能搞精神污染》，载一九八三年第二十期《红旗》杂志）

……宣传抽象的人道主义、“社会主义异化”和西方资产阶级思潮的种种言论，歪曲历史和现实、专门写我们社会的阴暗面、热衷于“表现自我”的文艺作品，庸俗低级的演出等。这类精神污染在人民特别是青年中造成消极涣散、离心离德的情绪，助长个人主义思想和一部分人当中怀疑以至否定社会主义与党的领导的思想。对这些错误言论、有害作品、低级表演，应当进行实事求是、充分说理的批评。我们反对精神污染，目标应当主要集中在这两个方面。（中国青年报评论员《污染要清除，生活要美化》，载一九八三年十一月十七日《人民日报》）

这是一场运动。“文革”后说不再搞运动了，还是搞了这么一场。不是全民的，主要在思想文化领域展开。来势很凶，除了少数人高兴外，从上到下都很紧张。

运动嘛，总要抓典型。

万没有想到的是，这个典型就是我，一个刚从惊恐中恢复过来的小人物。

事情是从一次省委宣传部的座谈会上引起的。运动开始之初，宣传部开会传达中央的精神，征求各方面的意见。有人在会上提出，韩石山最近发表的几篇小说影响很坏。这主儿是搞文学评论的，自然知道得多些，哪些哪些，均一一指证。也就是在这前后，团省委的一位负责人，针对我发表在《山西青年》上的一篇小说大加指责，说:“像《静夜》这样的小说，任何一个有良知的中国人，都会认为是一篇坏小说!”

想不到我们省还有这样的人！宣传部不敢怠慢，立即通知省作协，让韩石山回省城检讨。回来住在省作协偏院的东房，一天到晚写检查。一会儿宣传部文艺处叫去谈话，一会儿山西日报文艺部叫去谈话。还参加过一次宣传部在晋祠宾馆举办的大型会议，在会上做了检查。再后来是在《山西日报》上写了检讨文章。

不光是山西的典型，还是河南、甘肃、辽宁几个省的典型。这自然是因为我在这几个省的文学刊物上发表过小说。那时的做法是，凡发表过有“精神污染”作品的报刊，都要主动消毒，办法是在他们的省报上或是刊物上，发表批判文章，以消除影响。《人民日报》上的一篇批评文章中，还提到了我的《静夜》。

事情过去多少年了，批判文章是什么，谁写的，记不清了，我的作品还是能记得的。在河南受批判的是发表在《莽原》上的中篇小说《磨盘庄》，甘肃是发在《飞天》上的短篇小说《棉田明月夜》，辽宁是发在《鸭绿江》上的短篇小说《转正》，山西嘛，就是发在《山西青年》上的《静夜》，也是个短篇小说。

想想也着实该批判，看我都写了些什么。《磨盘庄》是个中篇，故事复杂些不好说，其他都是短篇，一句话就能说清楚。《棉田明月夜》写的是一个假期回村劳动的大学生，跟一个农村女青年的一夜情。《转正》写的是“我”刚参加工作时，纯洁敬业却不能转正，等到“我”成了一个溜须拍马、无端害人的坏蛋时，却出乎意料地转正为国家正式干部。《静夜》写的是一个丈夫在外地工作的女人，跟一个比她小好多岁的男青年的恋情与私通。——都是些乌七八糟的东西！

我很害怕，真的很害怕。事业刚刚起步，就栽了这么大个跟头。最为难受的是，一家大小还窝在山里，进不得退不得，往后怎么办呢？

那些日子里，我真是恨死了自己，一得意就忘了形，刚过上好日子就张狂，好好写些歌功颂德的作品，先把老婆孩子的问题解决了再张狂也不迟呀，急个什么！这倒好，米没有籴上，先把口袋丢了！

念及前程，不由得暗暗垂泪。

正在这样的困窘中，又是西老给了我无微不至的关怀。

记得一次在他家里闲聊，见我神色疲惫万念俱灰的样子，他安慰我说：石山，这不算个什么，运动嘛，就这么一阵子，我经得多啦，批评上几天就过去了，不会怎么你的。

我就怕调不到太原来。我说了自己的担心。

这事儿，现在还谈不上，过了这一关再说。他笑着说。

检查也写了，报上也登了，来太原已二十几天，不知下一步会是什么。成一陪我住了几天，家里有事也回去了。在别人看来，或许是等着处理，我自己也是这么认为的。一天，在巷子里遇见马烽老师，他说你还在呀，我说没人说让我回去。他说，球，回去吧。

在我回去的那段时间，西戎老师一直在想着解救我的办法。原来还想让我在汾西再待一些日子，等过了这个风头再调动，正好汾西出了个事儿，西戎跟马烽说，还是把石山马上调回来吧。

这事儿是，汾西一个小青年，刚调到县委通讯组，一时间写不出稿子上报，一次我参加县文联的一个座谈会，根本就没说我在省里受批评的事儿，他却写了一篇“韩石山在县里做检查”的稿子，寄给《山西日报》发了。

没想到我在县里的处境这样险恶，西戎老师跟马烽老师商量后决定，一时不好办调动，干脆先借调回省作协再说。

就这样，我先办了借调手续，工资仍在县里。

这个时候还能借调到省作协，县里的人见这个阵势，也不再说什么了。

到了一九八四年春天，“清除精神污染”运动不了了之。

这段时间，为我调回省作协的事儿，西老师一直努力着。省文联党组班子将有变动，过些日子就不是他主持工作了，他总想在自己手里将这件事解决了。

一次，党组会上提出调我和成一两人回省里的事，成一通过了，我没通过。原因是一个老同志说，现在县里正在批评他，这样做地方上会有意见的，就搁下了。这位老同志，也是我的老乡，一点都没有恶意，只是不了解我当时的处境罢了。一次不行再来一次，就在西老师主持工作的最后一次党组会议上，又提出了这个问题，这次就顺利通过了。新党组建立后，又通过了郑义调动的事。这样，我们三人一起上调的报告报到省委宣传部，部里也很快通过了。

西戎立即将这个情况写信告诉我。这就是一九八四年五月二十三日信上说的情况。信上说的“韩告诉胡”，韩指宣传部文艺处长韩玉峰，胡指的是胡正老师。这时已酝酿作协和文联分家的事，分家后作协的书记就是胡老师了。他也很关心我的调动，曾给我说过，放心吧，这次办不了，过几个月就办了。

虽说不是主持工作的领导了，西戎仍为我的事儿奔走，信中说“我今晚还去部里催办此事”。他跟部长是老朋友，说去部里催办，按我的理解，多半是去部长家里说话。当时的部长是刘舒侠同志，一位极富人情味的老干部。

就这样，到了八月份，我全家就来到了太原。

从一九七〇年夏天大学毕业离开省城，到一九八四年夏天，十四年后我终于又回到了省城。当年是孑身一人流落异乡，如今回来了，妻子儿女一家四口。令人感伤的只有年龄与心境，当年离开的是一个精力旺盛，不知忧愁为何物的青年，如今回来的是一个身心俱疲，不知前程何在的中年人。

不管怎么说，总是回来了，回到一个可以安心生活的地方。

不久前看一本书，书上说，一个人可以没有仇人，但是不能没有恩人。在我的人生转折途中，恩人不止一个，但这次的转折，却不能不感谢西戎老师，还有马烽老师、胡正老师的恩德。

正是对这些老师的感恩之情，让我在扰扰人世，穷困潦倒中，还能维系着一点没有泯灭的良知。要不，以我顽劣的天性、卑怯的人格，不知会怎样无止境地堕落下去。

西老师，再过二十几天，就是你逝世六周年的忌日，也是我办刊七年来的一个理念上的终结。你是这个刊物的老主编，权且以这篇文章，作为我和这个刊物献给你的一点菲薄的祭奠吧。但愿冥冥中你的在天之灵，仍能护佑你的这个不成才的弟子。

西老师，我也到了花甲之龄，再过多少年，注定要追随你而去，那时，在那个没有人事纷扰的地方，咱师徒二人再把酒临风，一叙衷肠！

二〇〇六年十二月十三日

思念杏绵大姐

杏绵是马烽的夫人，姓段，我平常给马烽叫马老师，给杏绵叫段老师。这是不得已而为之的事。实际上，我最愿意称呼杏绵的，是大姐。大嫂也行，只是连带的，将马老师的辈分也降低了。叫大姐的好处是，婆家归婆家，娘家归娘家，我愿意做她个娘家的弟弟，不愿意做她婆家的侄儿。

先从大处说吧。

写山西文化史的人，如果笔下放宽些，定会写到太原的南华门东四条。不为别的，只因为从共和国成立起，几十年间，这里住过一大批作家。居住时间最长，对山西文学影响最大的，该是“西李马胡孙”这一茬人。

这样写，肯定没错，但是也肯定有个不小的缺憾。那就是，只写了这些作家，没有写他们的夫人。且举三人为例，马烽的夫人杏绵，孙谦的夫人王之荷，胡正的夫人郁波。这三位夫人，都是要人样有人样，要气质有气质，堪称那个时代的美人坯子。马、孙、胡三位，作为作家，没说的，都是好样的，但是，若没有这三位夫人，他们的形象与气质，肯定要打一个不小的折扣。

文化不光是作品的传播，还有气质的熏陶，在后一点上，这三位夫人熏陶了的，不光是他们的丈夫，还有像我这样的，当初的文学青年，如今的文学老年。

我初进南华门东四条，在上世纪七十年代初期，那时老作家们刚从乡下回来，去的次数多了，惊异地发现，这些作家是土了点，而他们的夫人，却是一个比一个漂亮，一个比一个优雅。内中最为突出的，当数马烽、孙谦、胡正三位的夫人。有时走在巷子里，甚至想，这次要是遇上一位就好了，最想遇见的，要数杏绵老师。奇怪的是，十有八九，还真的就遇上了。

我这人有个毛病，遇见漂亮的女人，不管是师长也好，同事也好，有话没话，总愿意说上两句。搬到这儿后，什么时候见了马烽老师，都是规规矩矩地敬礼，问好。所谓敬礼，当然不会是少先队的队礼，常是躬一下身子，算是请了安，随后是一句“马老师好”。遇见杏绵老师独自一人过来，可就不会这么规规矩矩了。多半是快到跟前了，猛地侧过身子，一只胳膊长长地往地上一戳，随口一句：“奴才给老佛爷请安！”

是开玩笑，也不算过分，在我们眼里，马烽就是文学的皇上，他的夫人，当然称得上老佛爷了。至于辈分，暂且从略。

马烽老师去世后，见了杏绵老师，又多了一份亲近。安慰的话，没有必要说，也不是我这样的人说的，逗她老人家乐一乐，是我的拿手好戏，也是我应当尽的义务。迎面来了，到了跟前，我会双腿一并，双手同时在鬓角一碰，朗声言道："韩石山给老首长敬礼！"这时，杏绵老师那上了年纪仍然光洁的脸上，笑得像是开了花，一面伸手在我胸前拍打着，一面用她那柔柔的声儿说道：

"这个韩石山呀，跟个孩子一样！"

能得到杏绵老师这样的夸奖，是我一天中最高兴的事。

去世前，她曾住过一次院，偏偏那几天我也住院。她住干部病房六楼，我也在六楼。我和老伴去了几次，她都不在。有一次去了，她在。坐在床沿上，我们说了好一阵话。谁能想到，没过几天，就在这个病房里，她跌了一跤，竟驾鹤西去了。

唉，多好的一个女人，多好的一个大姐！

二〇一四年四月一日

赵越:一个有身世的朋友

一直以来,我有个感觉,凡是上世纪五十年代后期,来到山西的文化人,大多是有身世的。且大都待人谦和有礼,说话声音不高。这一半得之于他们良好的教养,一半也是来到山西这个地方,知道该怎样做人。

最近去世的赵越先生,上世纪八十年代刚一认识,我就有这样的感觉。

先认识的,是他的夫人刘亚瑜女士。

我与亚瑜同岁,都是农历丙戌年生人,我上学比她早一年,这一小小的差异,到了一九六六年夏天,就成了云泥之别。我已是大学一年级,她只能眼睁睁看着大学的校门,在她面前哐的一声关上。多亏是生活在太原,还有机会去当工人;若在农村,只能是永为农妇。后来全凭了她的人品与才华,才进入文学界,成为一位散文作家,成为城市文学社的社长。

我的夫人，退休前是城市文学社的会计。

都在文学界，又有夫人这层关系，我与亚瑜自相识后就交情不浅。在一起不怎么谈写作，反倒谈生活上的事多些。他们那边有了小饭局，人员也还相宜，亚瑜总是说，把老韩也叫上。次数多了，他们单位的人，总说我是他们的女婿。

跟亚瑜熟了，连带地跟她的夫君赵越先生也熟了。

这只是就常情而言，实则相识三十年，我跟赵先生从来就没有熟过。

他年长亚瑜多岁，只是一个原因，主要的是他太客气了。明明我与他夫人很熟，每次去了家里，他总是亟亟地吩咐亚瑜，快给沏茶，快给削水果，好像家里来了什么贵客。说话聊天，也只是谈工作，最近又写了什么作品，策划了什么大型的演出。人与人之间，到不了谈生活这个层面，怎么也热络不起来。

我愿意听的，不是他的说话，而是他说话的声音。他是南方人，不带多少南方的口音，也不是标准的普通话，给我的感觉像是过去的蓝青官话，虽说我并不知道蓝青官话是怎样一个调调。不管说什么，他都是那样慢条斯理，不疾不徐，声音里似乎有种磁性的东西，又有一种黏性的东西，柔柔的，很是好听。这样的声音是有鼓惑力的，想来当年的亚瑜，就是被这样的声音迷住了吧。

有一次我说，赵先生的相貌，很像我上初中时的一位俄语老师。这个老师叫冯祖华，教我们时也就三十出头，中等身材，眉清目秀，我们当时只知道他是北京下来的，后来才知道，是中央军委的英语翻译，“反右”后到的我们学校，到了我们学校才改教俄语的。

赵越也是从北京下来的。我以为听了这话他会说个什么，最终是什么也没说。过了很久我才知道，他是一九五八年从《中国人民航空报》编辑的位置上来的山西，先在省文化馆当编辑，后来才到的省歌舞剧院。他的姐姐早年毕业于辅仁大学，当过北京出版社文艺编辑室主任，是《十月》杂志的创办人。

进入新世纪，我们都老了，有次好久不见，见了闲聊中，亚瑜说她陪赵越回了一次湖南老家，在桃源县的一个镇子上。亲戚们安排甚是周到，没有想到的是，到了父亲的坟前，赵越放声号啕大哭，怎么劝也劝不住。

赵越的身体似乎一直不怎么好。他们在深圳买了房子，一到冬天，就过去避寒。这两年，我也是常在北京陪老伴看孙儿，与亚瑜的交流更多的通过老伴的微信。有次通电话，亚瑜问我做什么，我说在写《徐永昌传》，此人抗战期间任军令部长，大的战役都是他下的命令。过了两天，亚瑜给我发来一份资料，是桃源县政协整理的《赵季平将军传略》。

赵季平者，赵越之令尊也。

资料上说，赵季平（一九〇〇——一九四九），湖南桃源人，毕业于南京陆军大学，抗战期间任少将师长，率所部（暂六师）参加过淞沪会战、武汉会战、长沙会战，又参加常德会战、鄂西会战，均有骄人的战绩。可以说，抗战中大的战役，几乎无役不与，堪称一代名将。一九四九年初，在故乡病逝。

原来赵越是个大有身世的人。我一下子明白了，他的性情何以如此，他的业绩何以如此，也明白了这样一个人，这几十年是怎么过来的。

我的直觉没有错，只是这直觉的获得与印证，太让人感伤了。

二〇一六年四月三十日

耿彦波:可谓山西之左宗棠

春江里的水是不是暖了,鸭子最先知道。如果这个道理,可以稍作延伸而仍不走样,那么我要说,一个城市的市政建设如何,这个城市的市民最清楚,最先知道。

且慢。刚写下这一句,就知道有纰漏。你昨天刚迁来,今天就对市政建设说三道四,未免也太那个了吧。也就是说,得对市民的资历做个基本的限定。不说多么老了,至少不能太新,该是起码的条件。

我不知道,我这样的资历在太原市民里,算个老市民还是新市民。

一九六五年秋天考上设在太原的山西大学,户口随之迁来,成为这个城市的供应人口。若从此时算起,差不多有五十年了。不能这么算。学生是特殊人群,上学时在,毕业后多半是要走的。我就是要走的那类。一九七〇年毕业,分配到汾西县教书,一走就是十四年,一九八四年调回省作家协会,妻子儿女随迁。此后除了外出开会游玩,再也没有离开过。那就从这一年算起。尔来二十有九年矣。比《出师表》上诸葛亮说他报效刘先主的二十一年,还多了八年。六十多岁的人,在太原居住还没有三十年,不能说是老住户,毕竟二十多年了,也不能说是新住户,该说是个不老不新的半吊子住户吧。

资历是半吊子,可我对太原市政的熟悉,却不能说是半吊子。好多事情上,哄得了别人哄不了我。

那就说说吧,说说我知道的,我看到的。

一

多少年了,一说起太原市政建设的落后,好些半憨不精的人,常说的一句话是,老祖宗给我们留下的底子太薄,留下的摊子太烂。

老祖宗没给我们留下太和殿,也没留下颐和园,这是真的,但作为一个省会城市,说多么薄,多么烂,只怕良心上有点亏欠。

古代的情形,没有几个知道的,不必说了。近世以来的情形,有各种各样的记载,可免空口无凭之讥,不妨说说。清朝末年都太远,就说民国时期吧,太原的市政建设,真不能说多么差。

新近出版的《民国山西读本》(苏华等编),收有考察游览文章，多为外边名人所写，足以凭信。《胡适忆太原演讲》里说，一九一九年胡曾陪美国的杜威夫妇来过太原，杜威演讲后，地方上请胡也讲一次。胡说："那时太原已经有了一千座的大礼堂，那次我在太原讲演，觉得很过瘾（那时北京还没有容纳一千人的大礼堂）。"还说："这次演讲之后，山西大学的文法科学生很多都转学到北大去了。那时国立大学只有三个，山西大学也是国立的。国立的山西大学学生要求转到北京大学来，当然是可以的。"

后来成了大学者的冯沅君，一九二二年曾来山西考察教育，写有《晋省学校漫记》，说到我现在居住的南华门一带的情形。这儿有所农业专门学校，"校舍异常宽敞，面积有二百余亩。左侧院门题曰'蔬圃'，院内有养蚕、缫丝各室，又有种菜的园子和一个极大的人造林，据说已是十几年了，尚且粗不盈把，足见任何事业，都不是容易做的啊！右侧院门题曰'杏园'，中间所种的，多是能开美丽的花的植物，并有几座台榭和清池、小石桥，颇有昔人园林的风趣"。

陶希圣一九三三年来过太原，写有《太原见闻记》，说太原城里，"有两处是游人驻足的地方。一是海子边，一是南华门的树林下。林下游人或是静坐，或是打拳。静坐林下，颇有出世禅的风味。但是女人一到，老僧也便出定举足相随而去了"。

南华门一带的变化，看别的书也知道一些。日据时期，这儿建成了华北最大的体育场。解放后，一直都是体育场。我上学时，曾来这儿参加过群众大会。搬家到太原，住在省作协宿舍，傍晚无事，常与家人一起去体育场散步。

这儿还有个五一路小学。过去肯定不是这么个名字。我听现任的校长张之平说过，上世纪二三十年代，这个学校的面积在百亩左右。马路对面，现在电力公司的地方，都在校园之内。

现在这一带的情形，也简单说一下吧。体育场早就没有了，建成两个住宅楼群，一个叫君临天厦，一个叫电力公司宿舍，都是高层建筑。五一路小学呢，占地面积，不会超过十亩，也就是说，仅及原先的十分之一。

这能说老祖宗给我们留下的家底太薄，留下的摊子太烂吗？

只要不胡拆乱建，有偌大的体育场，偌大的小学校园，再加上附近街巷的四合院，说这儿是个幽雅古朴的城市街区，不是过甚其词吧？

二

很久以来，太原市政建设的不尽如人意，已到了“有口皆碑”的程度。老城区失了古朴的风貌，新城区不过是老城区的拙劣复制，一个是老的乱，一个是新的差，非乱即差，全然没有现代城市的章法。

不怨老祖宗，怨谁呢？

那就只能怨解放后历任市政府的失职了。

大致不错,但也不能一概而论。

一九六五年我初来太原时,就惊叹于迎泽大街的笔直与宽敞。

别以为我是个土包子,乡下来的,见了城里的普通马路就以为是飞机跑道。我是从农村来的,但不是一直在农村上学的,我小时候在山东德州居住多年,那可是津浦线上不多的几个繁华城市之一。

很快就知道,主持修建迎泽大街的是一位名叫岳维藩的市长,且已调到南京当市长去了。太原是个边鄙之地,一个边鄙之地的市长,调到南京那样的大都会去当市长,可见上面对他这个人,对他在太原市政建设上的业绩是认可的。

迎泽大街所以为人称道,一是宽,我记得当年的说法是,仅比北京的长安大街窄几米;再就是,在南侧建起一个大公园,名曰迎泽公园。现代都市,除了房舍整齐街道宽敞之外,一个最重要的标志是有游园,有绿地。一个大公园,两全其美,既是游园又是绿地。

后来的市府领导,若都能按照岳老市长的思路与规划做下去,现在的太原市,恐怕早就是一个园林化的省会城市。不必让更后来的领导者,苦巴巴地,全凭了东西两山稀稀疏疏的林木,来提高人均绿地面积,以获得国家园林城市的美誉。

有人或许会说，岳老市长建了迎泽大街，改革开放后的市长，不是也建了长风大街吗？再后来的市长，不是又建了龙城大街吗？

龙城大街还是雏形，完成后是什么样子现在很难说。长风大街嘛，还是可以说几句的。

请问，那么长那么宽的一条长风大街（汾河东侧）上，可有一个公园？

空下几百亩地，任其长野草，也会是个不错的公园。名字是现成的，就叫野趣公园，管保是全国省会城市里的头一份。然而，怎么舍得呢，那要少建好几座大楼的呀。

岳市长和不是岳市长的差别，就在这里。

英才和庸才的差别，还有许许多多的差别，全在这里。说白了不过是一念之差，可这一念之差里，包含着多少的学问、多少的见识啊。

实际上，长风大街建公园，后来还有一个机会，可惜也让白白地空过去了。就是六十三军撤销番号，部队将位于长风大街南侧的军部大院交给地方，院内没有什么高楼，多的是两人合抱的大树，稍加修整，便是一个漂亮的大公园。四十多年前，我曾去过这个大院，当时不是六十三军军部驻地，是六十九军军部驻地，内中情形多少知道一些。过了这么多年，树木肯定更粗壮了。

有了这么个大公园，长风大街就是另一番气象了。

可惜,那么好的一个地方,做了办公场所。原说省政府要搬过去,搬去几个厅局后又不搬了。我真弄不明白,这么大的山西省,这么大的太原市,就差那么一块办公用地,就差那么几个不高的楼房,而不把它做成一个有益于全省人民,提高省会城市品格的公园?

太原市政建设的败笔,还可以举一例。

不知哪位领导同志,头脑一热,竟在迎泽公园里建了一个晋商会馆。说是晋商会馆,肯定没有来往的晋籍客商在里面留宿消遣,只能说是个稀奇古怪的晋商展览馆。某年里面办过一个五人画展,我曾去看过,也就知道了里面的格局。

这件事的可恶之处还在于,若公园里的空地,可以建这样那样的会馆纪念馆展览馆,这个口子一开,用不了多少年,人们逛迎泽公园,就只有围着迎泽湖转圈圈了。想建个晋商会馆,一眼就瞅中了公园里的地,这眼光是什么眼光,真让人拍案叫绝。

在太原建个晋商会馆,绝对是个好主意。建在哪儿?市内搬迁出一块地方,建个中式楼堂,周遭辟为公园,多少年之后,会成为市内一大景观。雁过留声,人走留名,几十年后,附近的耆老,会指着已成旧楼的建筑对儿孙言道:此某公当年所建也。再过多少年,人们图个简便,不再说晋商会馆而径言:此乃某公楼也。谋利要谋万世利,留名要留千古名,此之谓也。

当年在我住处附近,有一片旧住宅正在拆迁,说是此处原有个浑源会馆,要翻修建个公园。我以为是要假浑源会馆的旧名,建个晋商会馆附带一个公园,心里直夸,啊,多么英明的一个决断。过了一两年,还是一片废墟,又过了一两年,建起铁皮棚子,成了个自由市场。真让人痛心啊。当年市民搬迁时,给的是多么崇高的一个名义,如今却是多么可笑的一个结局。

三

太原市政建设最大的缺憾,还不是这些,而是光做人面上的事,不管人面下的事。这话太拗口,还是说事吧。

一九八八年,我们单位建起一座住宅楼,名为作家楼,我有幸分到一室,在五楼即顶层上。住进之后,方知住顶层的艰难。

最大的艰难,是水上不去。也不能说水上不去,是白天上不去,晚上能上去。也不能说晚上能上去,是前半夜不能上去,后半夜能上去。也不能说后半夜能上去,是后半夜的两三个小时能上去,其他时间还是不能上去。而这两三个小时,还不是固定的。有时会是十一点到下一点,有时会是下一点到下三点。不管什么时间,你必须拧开水龙头等着,当天晚上接下水,否则第二天做饭喝水都成问题。刚住进去,兴得很,不就是等水吗,一边看书一边等水,多惬意。兴致高的时候,一边和夫人亲热,一边等水,那简直就是浪漫了。等于在战壕里,一边跟劳军女郎(假如有)打情骂俏，一边弹无虚发杀敌报国。

一个月下来，我扛不住了。白天无精打采，晚上想打采又无精了。总之是，一天到晚像个蔫黄瓜一样，什么事都做不成。再这样下去，真能把人拖垮了。一怒之下，我给自来水公司的领导写了封长信。信上说，有水没水，你们给个准时间，等与不等，用户心里也有个底，现在你们的这种做法，不是为市民供水，而是拿市民开涮，是恶作剧，是捉弄人，是拿《地道战》里对付日本人的办法对付自己的同胞。

过了四五天，自来水公司来了两个人，都是中层干部。一个是办公室主任，一个是技术科长；前一个是准确的，后一个的职务不太准确，只记得是个带官衔的技术人士。信上冷言冷语，见了面还是要热情接待。坐定之后，两人你一言我一语，说明了来意。

说我的信，他们领导看了，很重视，特派他们两人前来解释。太原这个城市，不是没水，是设施跟不上。市里给公司的任务是送到三层，他们考虑到市民用水困难，特意在晚上加压，送到五层。太原五一路地下的主管道，还是日本人占领时期铺设的，口径小又老化，加压大了会破裂。最要命的是，他们没有地下管道的线路图，哪儿破了，只能挖个坑找漏水的地方。你们这个楼，要想一天到晚有水，也不是没有办法，只要你们机关安个无塔送水器就行了。

我听了只有羞愧，鞠躬敬礼，敬礼鞠躬，表示歉疚，表示感谢。

此后每到了冬天，只要看到五一路上又开膛破肚，地上水流成河，路人冷嘲热讽，我则一声不吭，心里直骂日本人：万恶的侵略者，你们就不知道，我们这儿就是盖个车棚，也会挂个条幅，说是百年大计质量第一，输水管道是多么重要的工程，这才五十年（假定是一九四五年到一九九五年）就漏水，良心大大地坏了。

四

时间到了二〇一三年的四月，太原市政建设上的种种缺失与亏欠，终于遇上了一个强硬的对手，一个厉害的克星。

为什么说是遇上了克星？

举个例子。

多年前，一位朋友介绍我买房子，说是在太行路上，房型多么好，地段多么好。我不知道太原还有个太行路，问在哪里，朋友说就是火车站东边，你真的没去过吗？从南到北，一条大道啊。

今年八月间，我去朝阳街上的电器开关厂看望一个朋友。朋友是厂长，饭前领着我参观他们的厂区。到了东边，指着墙上写的一个两位数字说，将来这条路开出来，要占厂区多少米，又会给厂区带来多大的商机。我问外面这条路叫什么名字，朋友说，过去叫太行路，往后要叫东中环路了。

我说，太行路不是早就开通了吗？至少十年前，就有人介绍我买太行路上的房子了。

朋友说，规划图上早就有了，一直没有打通。你看外面的挖掘机，正在拆路基上的房子呢。

这个小故事，可说是对克星一词的一个小小的注释。

为什么这么准确，把遇上克星的时间说成是二〇一三年四月呢？

因为，从这个月份起，新上任的耿彦波市长同时启动了太原市政建设的几项工程，更具体的我说不清楚，仅我知道的，一是府东街、府西街和并州路的拓宽工程，一是四个方向上的中环路的延长、新建与贯通工程。太行路上电器开关厂那一段打通工程，就属于第二大项中的一个小项目。

我最感兴趣的，是府东街的拓宽工程，说是拓宽，实则是改造，改造的一个亮点，是每个大的路口，都有了微循环通道。有人把这叫作平面立交桥。相关的街道，能打通的都要打通，能取直的都要取直。打通的例子可举西华门街到五一路，取直的例子可举府东街北侧的双龙巷。西华门到五一路那一段，不足百米，多少年了硬是通不过去。

由此推测，此番道路改造的构想当是大路畅通，小路通畅，进而达到全城畅通又通畅。

我所以对府东街的改造特别感兴趣，不是因为我的胸怀多么宽广，恰是因为特别的小肚鸡肠。我已退休多年，眼见的是要终老此乡了，最关注的是自己住所周边的环境。好了就舒畅，坏了就气恼。此前南华门一带，除了买菜买零食方便，就是把阿弥陀佛念上一百遍，也做不到心平气和，更别说赏心悦目了。现在政府要改造这一带了，怎能不心花怒放，笑逐颜开呢？

我的感兴趣，是真的感兴趣，不光喜在脸上，还喜在脚底板上。几乎每天出去散步的时候，都会去工地上转一圈，今天往东，明天往西，遇上重要日子，早上去了傍晚还要去，看了东头看西头，有时还去背巷子里转一转。像我这样乐疯了的老年人，不止我一个。我们单位有位退休老处长叫周玉，劲头比我还要大。我每次去工地转悠，差不多都会遇上此公。我打趣说，老周啊，你每天来工地检查工作，真辛苦啊。他总是笑笑说，高兴，高兴，看了就高兴。

自从修路开始后，我的日记上增加了一项内容，就是记录外出散步时看到的景象。不是天天记，也不是多详细，重要进度，特别感触，总要记两笔。四月十五日是封路开工的日子，日记里就记着："今天府东街府西街封路，开始扩街改造。要到九月十五日才能完工。明年五一路也要扩街改造。待五一路项目完工后，我们这一带的居住环境会大为改观。"

特别感触可举一例。六月二十二日的日记里说："下午和姥姥下楼散步，去了省政府前的广场。省府大门西侧，有一座三层楼，明显是违章建筑（占了人行道，窄处剩下十厘米），已标明1+

760，前面的1是一米，后面的760是厘米，即后退八点六米。又不拆了。路人对此颇多议论。”

我外出散步，多半会与老伴同行，我的日记中写到老伴称作“姥姥”，是跟着外孙叫的。修路中的一些大的举措，日记中也有记载。比如八月十日从大同回来，十一日的日记里，就记了省府前面公园的改造：“早饭后与姥姥去府东街西段看修路情况。马路牙子已砌起。走时只北边栽了树，现在南边也栽上了，都不多。省政府前的公园已围起，进去察看，原先音乐喷泉西侧的地方，挖了一道长而弯的地基，问旁边一位年纪大的人（像工头），说是要建一长廊。原来与食品街相交处的照壁已拆除，一挖土机在施工。问一老者，说他们不是园林工人，是省古建队的，要在此修一木牌楼。”

最让我高兴的是，府东街东头几栋旧楼拆了，要建游园。八月十八日的日记里说：“下午五时许，和姥姥外出散步，去了府东街东头，见几处楼房都标了拆字。真要拆了，这里又会建个颇大的游园。这一段路尚未开通，街面成了自由市场。买软桃三斤，又买豆角二斤，还买了一把上供用的香。有卖冥币的，说是快七月十五了。”

修路对我不全是好事，也有小小的不快。比如我住的楼下，原有几棵高大的杨树，这次修南华门的微循环时全伐了。九月四日的日记里说：“今天上午十时许，修路的工人将我们这座楼下的几株（五株）杨树锯掉了。这几株杨树，树龄都在六七十年，树干甚高，树冠的主要部分，恰在我家窗外，夏天正好挡住西晒的太阳。住在这儿十三年了，每年夏天都能享受到树冠带来的阴凉。阴凉在其次，主要的是有树冠的枝叶在窗外晃动，给人一种身处树林的感觉。从今往后，再也不会有这等景致了。”

五

八月九日、十日两天，我与张继红、谢泳两位去了趟大同，看了云冈石窟的变化，很是震惊。十几年前曾去过，感觉周边破破烂烂，没有什么景致，如今树木葱茏，一派南国风光，不能不佩服主其事者的魄力。

在云冈石窟研究院，接待我们的院长张焯先生，送我们一人一本大画册。回来之后，我在这本画册的扉页上，用毛笔写了一段文字。正好那些日子，成都的《上层》杂志要出我的一个书法小辑，便将之拍照，连同其他几帧书法照片一并发了过去。后来这篇小楷书作，也印了出来。且将之抄录在这里，作为我这篇文章的收束：

> 云冈石窟，多年前曾游览且不止一次。此番感受又有不同。周围村庄六七处，已全部搬迁，面积扩大十倍都不止。建庙宇庭院台榭无数。石窟前原有清流环绕，解放后即改其

道于数里之外，今又复其故道。加以新辟绿地上千亩，移植各种嘉木无数。整个景区宛若江南园林。这一巨变，全应归于耿彦波先生主政大同之功。先生主政大同仅五年，第一大功绩为修复大同明清时期的旧城墙，第二大功绩即为扩建云冈景区。先生建新城、辟景区之伟业，始于灵石县长任上，继以榆次区长之任，集大成、彰声名于大同市长任上。如今又移师太原，出任太原市长。下车伊始，即投入太原市政建设之配套与改建中。仅数月天气，已初见成效。府东府西两街拓宽工程即将竣工矣。在大同时，余尝与张继红君、谢泳君言，似耿彦波先生者，可谓山西之左宗棠。当年有民谚曰：湖南不可一日无此人。于今山西也可说：山西不可无此人。

上面的文字，是随手写的，“民谚曰”什么并不确切。在将此文与书法照片放在博客上时，特意加了个小注：湖南不可一日无此人，原话是湖南不可一日无宗棠。当时左宗棠的职务不过是湖南巡抚骆秉章的僚属，其地位低于耿氏现在的省会市长之职。原话见潘祖荫奏章：“骆秉章调度有方，实由左宗棠运筹决胜，此天下所共见，而久在我圣明洞见中也……是国家不可一日无湖南，而湖南不可一日无宗棠也。”我那篇博文的题目叫《耿彦波：山西之左宗棠》，现在还在博客上挂着。左宗棠云云，不过是个比方，各方君子当能体谅，想来不会有人借故生事云耳。

临了还想说的是，就南华门一带而言，往后旧城改造时，该增加五一路小学、杏花岭小学和育红幼儿园的校园面积,不说规复旧貌了,至少应当有较大幅度的增加。若在此番旧城改造中,多数小学的校园能得到扩充,那真是泽被后世,功德无量。

二〇一三年十一月二十日

谢燕:一个山西的文化符号

山西文化界的女编辑女记者,认识的不少,但很少能坐在一起聊个天。越是漂亮的,越是这样。

一切全看机缘,真要遇上了,躲都躲不开。二〇〇九年十一月三日中午,迎泽公园旁边的一个咖啡厅里,不期然与山西晚报社的谢燕女士相遇。原来我们共赴一个小聚会,该来的人还没来,闲着无事,便东拉西扯地聊了起来。谈家庭,谈工作,谈人生,很是惬意。一面谦和地说着,一面心里暗暗诧异,最近并没有做什么特别的善事,怎么会有这样的福气。

她说,她是一个平凡而幸福的女人

像许多无聊的谈话开头一样,我先问谢燕哪儿人。知道她是晋东南人,不知道是哪个县的。她说是长子县人,只是从小很少在故乡待过。父亲师范毕业,做过几年小学教员,后来从了政。从她懂事时起,父亲一直在外地任职,当过沁源县、壶关县的县委负责人,再后来是晋城市人大的领导。小时候,她与母亲随父亲住在沁源。这儿属太岳山区,风景优美,气候宜人,有大片大片的森林,著名的灵空山就在此地。母亲曾领上她和姐姐去灵空山游玩,高大的林木遮蔽了天空,阳光从枝叶间渗出,一道道光柱斜射下来,地上全是绿绿的草丛,她和姐姐在林子里跳呀,笑呀,快活极了。

父亲工作忙,外出多,平日很少回家,在她的记忆里,只要家里有了香烟的味儿,就是父亲回来了。至今她对男人抽烟不反感。婚后先生曾跟她说,好多妻子都劝丈夫戒烟,你怎么不劝我戒烟?她笑笑,不愿说出此中的奥秘。

公公婆婆都是上世纪五十年代毕业的大学生,谈对象时对她这个准儿媳妇并不怎么看好,觉得干部家庭的女孩子,免不了"娇""骄"二气,几次接触方发觉不然。现在她与夫君都在报社上班,婆婆跟着他们照顾孙子,一家人幸福美满。正说着,儿子来了电话,说学校让买不带水银柱的体温计,他不知道该去哪儿买。谢燕说,自个儿去吧,对面街上不是有个医疗用品商店吗?快去吧,锻炼锻炼嘛!

看那神态,不像是在跟儿子说话,倒像是在跟一个淘气的小弟弟磨牙,几分乞求,几分训诫。想来儿子听了,定然是欢蹦乱跳地去了。大概是怕我笑她对儿子的娇惯吧,谢燕歉然言道:我是一个平凡而幸福的女人。

半夜三更,一个年轻女人去八宝山做什么

我问谢燕,前几年老作家牧惠去世,看报上说,你曾专程去北京参加了他的追悼会,怎么跟牧惠老先生这么有感情。

谢燕纠正说,不是有感情,是我对他非常感激。副刊刚筹办那阵儿,来稿不多,联系的名家更少,请示过领导后,她去北京组稿。承北京一位朋友引领,拜访了几位著名作家,其中就有牧惠先生。当时北京已有"车马费"一说,这位朋友说了,她觉得有道理,可她的出差经费里没有这项开支,回去能不能报销也说不准,好在不多,她就自己掏了腰包。几家下来,到了牧惠先生这儿,老先生当即拒绝,说我们都是新闻界的人,不搞这个,你要用我的稿子尽管说。此后带有牧氏风格的杂文,源源而来。有一段时间,报社的稿费太低,她不好意思再向老人约稿了,老人来电话说,是不是他的稿件不适合这儿的口味,她说了心里的愧意,不料对方说:稿费不是个事,只要对你们的口味,尽管登好了。

几年下来,她经手刊发的牧氏杂文,竟有百篇之多。听说牧惠去世了,她跟报社领导说,想去参加老先生的追悼会,领导很痛快,说该去。第二天就是追悼会,时间紧迫,坐飞机去的。出机场

已是半夜,她坐上出租车说要去八宝山,弄得司机都有点奇怪,半夜三更的,一个年轻女人去八宝山做什么。到了八宝山找见大门,漆黑的夜里风声凄厉,树影幢幢,那一阵真让她胆战心惊。踩好点儿,这才让司机拉她到就近的一家旅馆住下。第二天一早,准时出现在追悼会上。

在十多年的编辑生涯中,她结识了不少著名作家,他们对她都很好,不管稿费高低,总是尽量满足她的索稿要求。报社的稿件,有时候是很难办的,需要修改,作家总是很配合。我笑笑说,你这样娴雅文静的女同胞,没人愿意错过这个打交道的机会。

活动结束了,没人处她号啕大哭

或许是对报社工作不理解,我说,编晚报嘛,主要是文化娱乐。谢燕说,你还是不了解报业同人的心志。这是一份责任,也是一份担当。一张报纸,若是没有社会责任感,没有一定的文化担当,办不出品位来,读者不会买这个账。品位,是报纸的生命。

说到这儿,她白净的脸上显出少有的凝重。望望窗外,接着说了下去。

那是二〇〇五年,全国出现了一股文化热,看到外地的兄弟报纸都在做文化方面的专题,她想山西有这么深厚的文化底蕴,我们该做些什么呢。不知哪儿来的灵感,她想到了人文地理这个题目，遂在《厚重山西》专版上，开辟专栏，名为“寻访三晋历史名人故里”，组织记者下去采写。一连刊出五十期，把山西的历史文化人物，从古代的豫让、赵武灵王、蔺相如，到戊戌义士杨深秀、晋商名人李宏龄，写了个遍。她自己则写了杨贵妃这个人物。

我说，你倒会选，美女写美女，定然得心应手。

谢燕说，哪里啊，是没人写了她才写的。继而言道，这些年，最大的一次活动，要数二〇〇六年十月的“重走西口路”。经她联系，跟右玉县委合作，他们出资金，晚报社出人。她设计的方案是，从乔家大院起程北上，经杀虎口到呼市、包头，再到二连浩特，进入蒙古人民共和国的乌兰巴托，终点是俄罗斯的恰克图。到了呼市，与内蒙古《北方新报》合作。两部车，八个人，包括两位文史专家。这么多人，这么远的行程，一路上的各种情况，小的前方人员应付，大的全靠后方相机处置。最后去了乌兰巴托，找见了晋商的后人。最终没有去恰克图，一来是天冷了，二来是签证不好办。整个活动搞得有声有色，接连刊出了一系列深度报道。

活动启程那天，等人们散尽，一个人走在回家的路上，她忍不住号啕大哭，是动情的哭，也是欣慰的哭，一面哭一面心里说：小女子总算做成了件大事！

我说，据我所知，你现在已是全国新闻界有影响的人物了。听报社的朋友说，现在全国一些大的文化活动，举办方想邀请山西媒体，常会指名要你参加。谢燕说，这只能说明山西晚报的影响力，没有这个平台，她什么都不是。我说，平日看你也挺自负的，一说到这些地方，又这样深明大义，有那样好的清誉，也就不足为奇了。

十二点多，朋友们来了，我们的谈话也就打住。

多年前，我编《山西文学》时，曾在一则短文里说谢燕是山西日报社的一个文化符号，现在我倒是觉得，说谢燕是山西的一个符号，也没有什么不妥。

二〇〇九年十一月四日

给谢涛的两封信

这两年在京城闲住，住处离天桥不远，忽一日见剧场前的广告上有预告，说近期有“全国舞台艺术优秀剧目展”在京举行，本剧场承演的剧目里，有太原市晋剧艺术研究院演出的《于成龙》，主演谢涛，且刊出谢涛的剧照。

演出两天，首场就去看了。

跟谢涛也算得上老朋友了。十一二年前，她的《范进中举》在新建成的榆次大剧院演出，我就看过。六七年前，她的《傅山进京》在太原青年宫剧场演出，也曾看过。此外还看过她的《烂柯山》。虽是老相识，对她的艺术早就有所了解，然而，此番来京演出的《于成龙》，还是给我以极大的震惊。

一是唱腔上的改良，二是程式上的创新。总体的感觉，恰像此剧开头一场所显现的，削官为民的于成龙，与他的忠仆小憨，主仆二人乘着一叶扁舟，荡开细长的芦苇，似一缕清风，徐徐吹来。

高亢昂扬的晋剧唱腔，在这如诗如画的山水里，也染上了婉转妙曼的韵味。当然，毕竟是一出忠良保国的剧目，每到悲怆处，谢涛的唱段总会激起猛烈的掌声。

一面看，一面心里默念着，这样的晋剧，还愁走不出娘子关吗？

直到第二天下午，我的心情仍在激动中。每当此时，我总爱用毛笔写信札，记下自己的感受。谢涛是老朋友，过去就给她写过信，何不再来上一封？遂在众多的花笺中，选了一种典雅的萝轩变古信笺，研墨濡笔，不多一会儿，便是一通手札。道是：

> 谢涛女史如晤：昨晚在天桥剧场，观看了您演出的《于成龙》。今天一天都处在极度的亢奋之中。我不懂戏，但是我是一个虔诚的艺术的信徒，真正的艺术总能打动我的心灵。自从多年前在榆次大剧院，看过您演出的《范进中举》，我认定您是一个超凡脱俗的艺术家，前程不可限量。果然此番赴京展演，又一次大获成功。韩石山顿首，二〇一七年三月二十三日。

正好剧院办公室的小岳，有事来我家，便将此信托小岳转呈谢涛。

为谢涛的剧艺喝彩，非始于今日。十年前她率团参加上海戏剧节，获得白玉兰奖的那次，我就写了文章，在《解放日报》上发表。奇怪的是，我是先写了文章寄给编辑，编辑放了一段时间，待刊出时，恰是白玉兰节，恰是谢涛获了奖。

给谢涛写信札，亦非始于今日。去年吧，仍在北京闲住，在电脑上闲翻，翻到谢涛年轻时的照片，啊，没想到谢涛年轻时是那样的漂亮，那样的英俊。记得当时看了心中隐隐有些惋惜，这样的容颜，做什么都会大放光彩，演老生，且是晋剧的老生，实在是可惜了这样的脸蛋、这样的身段。然而，艺术的改革，需要的正是这样的一流人才的全身心的投入。一时的激动，便给谢涛写了封信，选的是荣宝斋的旧笺纸，吸墨极好，写罢又照原样写了一通存留。道是：

> 今日在电脑上闲翻，看到您年轻时的照片，那样的漂亮，那样的聪慧，直可说是英气逼人，难怪后来会有如此大的成就，以你的扮相唱腔以及眼下的声誉而言，已超丁仙而可称为谢神矣。韩石山，丙申夏日。

这样的说法，或许有人以为是过誉，我则以为，眼下各方面都在大力弘扬山西文化，当此时际，对那些给山西文化做出巨大贡献的艺术家，这么说一点都不过分。如若以为不然，且让我们各自拭目以待。

二〇一七年三月二十三日

任芙康这厮

前些日子，听说任芙康从《文学自由谈》主编的位置上退下来了，感慨之余，不由得长长地吁了口气。掐指算来，与芙康相识并报效这家刊物，恰与诸葛亮报效刘先主的年限一样，“尔来二十又一年矣”。

清楚地记得，是一九九五年秋天，我与山西一位女作家，去天津参加中国小说学会的一个年会，会议期间认识了其时还是副主编，实则已主持工作的任芙康先生。

我是个没有什么名气的作者，在津门重地、高手如林的会议上，纵有表现亦恂恂然如乡下老农。或许是我的这种苦寒的模样，引起了亦是农家出身的任先生的同情吧，临别时叮嘱曰：石山兄，认识了就不要客气，有相宜的作品，寄来就是。

我还有个毛病，就是经不起撩逗。比方说，我从不写评论，若有人说给写上一篇吧，一想，评论不也是文章之一种嘛，咱家怎么就写不了，于是便写了奉上。

此番的情形，又有点不同。

不久前，山西的马烽老师调到北京，担任了中国作家协会党组书记兼副主席，主持全面工作。有人很是不屑，说这样的官儿再大也不能当。我曾上过北京的文学讲习所，平日看书又多，深知中国文学界的派系及其源流。在我看来当此时际，马烽出任中国作家协会党组书记，既合法统又合人情。合法统在于，上溯可直达鲁迅那儿；合人情在于，受压多年的丁玲，年事已高，难任繁巨，由其大弟子受命以代，有什么不对？

于是便写一篇文章，名曰《酒醉的探戈》，假借酒醉，胡言乱语，将中国文坛的历史源流做了一番梳理。说周扬与丁玲，怎样相识于上海，又怎样分途到了延安。与鲁迅有过节儿的，怎样主持了延安的鲁迅文学院。鲁迅的忠实弟子，怎样在抗战开始后离开延安，率西北战地服务团前往山西前线。建国后，平和了没多久，又继续争斗，丁玲怎样成了右派，周扬怎样执了中国文学的牛耳。粉碎“四人帮”之后，周扬在北京得风气之先，早早出来，而丁玲又怎样迟迟不得平反，待她彻底平反出来，右边位置早就让人占了，留给这个老右派的，只能是左边的位置。造化就这样捉弄了一代老人，又愚弄了一代年轻人。

写是写了，哪儿发呢？一直放着。

既然你任芙康这样说了，就寄去好了。

当年年底的一期《文学自由谈》,《酒醉的探戈》全文刊出。

人怕有知遇之恩,此后,我算是卖给了这个四川人。

一个山西的老农民,与一个精明的四川人打交道,会是怎样的情景,不问可知。只是我不说透,他人怕难以知悉其中的详情。这么说吧,就像一个屡试不中的老童生,一篇一篇文章写了呈上,发是发了,末后总是批曰:文字通顺,火力仍嫌不足,不可懈怠,继续努力,钦此!又像抓到黑砖窑上的小童工,一趟一趟搬着文字的砖块,背后还响着“嗖嗖”的皮鞭。

人是不能受苦的,受苦多了,会有奴性。后来我当了《山西文学》的主编,发表批评文章,再也不用佯狂作秀,可也怪,每当写下尖锐的文章,仍是乖乖地先给了芙康。我在批评界的坏名声,就是这么造就的。如果说芙康是个二郎神的话,我就是跟在二郎神身边,跳梁嘶叫的哮天犬。

更有甚者,大概是看我懦弱的缘故吧,有时这个四川人竟会给我布置下让我难堪的任务。比如某年,到了征订刊物的日子,芙康打来电话,先问忙不忙,每当此时,再忙我也会说不忙,接下来是,不忙,你看啊,快到订刊物的时候了,来篇软广告怎么样?

“你们……”我的意思想说,你们出点钱,打个广告不就行了。他听出来了,几乎是训斥地说,那是白花钱,别说了,快点写,过了这几天写了也没用了。

于是我便写,仍是我的那个理论,不就是个文章嘛。

当然,这样的文章不能写得露了馅,总要装作遇人不淑,一腔幽怨无处申诉的样子,只是最后总要归结到,任主编如何的敬业,这本刊物如何的好。比如《和任芙康算账》一文的末尾就是这样的:“现在我总算明白了,在任芙康的心里,只有他的刊物,只有他热衷的文学事业,就是把一个作家毁了他也不会眨一下眼的。可怜亦复可悲的是我,没了清白也没了声名,还得硬着头皮跟着这个恶棍走下去。”

这样的文章,发表往往不止一个地方,常是这儿那儿,一发就是五六处。

最搞笑的是,有芙康的朋友看到文章,给他打了电话过去,说你对韩某人这样好,几乎期期发他的文章,他竟在背后骂你。这样的话,他会马上打电话告诉我,一边说着,一边鸱鸮似的笑着,为他的好点子兴奋不已,全然不管我平白得来的恶谥。

真是屈辱啊,我比他要大好几岁呢。类似的文章,不是一篇两篇,少说也有三篇。每当此时,我会一边写一边默念着杜甫的诗句,“不为困穷宁有此”,只是下一句念不出来了,任某人不会“只缘恐惧转须亲”的。

当年或许不无怨怼之感,如今都化作温馨的回忆了。

唉,任芙康这厮!

二〇一六年十月十四日

一场文学的断缠

题记:本文系一部未曾出版的书稿中的几节。时过境迁,整部书稿已了无新意。这几节还有些声色,收在这里,以存纪念。原来的书名很是唬人,叫什么《飘零的刀客》,如今说起,自己都觉得脸红。想想现在这个题名,还有几分真实在里头?

"为了文学,向我开炮!"

"我们有个活动,想不想来昆明玩玩?"

电话的另一端,李霁宇先生热情地说。我们是在大连会议上结识的。

"怎么不想,昆明我还没去过。"

再说下去,方知彼此都是一厢情愿,而这各自的一厢却难合为两厢。我以为既然请我,就该负担全部开销;而他以为山西作协的经费,充足到韩某人想去哪儿都能去。

后来还是任芙康先生从中斡旋,说是霁宇那边可以解决单程机票。这也是便宜。正好我今年的差旅费还没花完,负担得起另一个单程。芙康是《文学自由谈》的执行副主编,一九九五年我去天津参加中国小说年会时,见过一面。他也去。同时知道,这次去昆明的还有《文艺报》的编辑历健先生。

八月十六日下午三点,到达昆明机场。霁宇接站。

住元江宾馆。实际是元江县驻昆明办事处,一个不大的招待所。怕我嫌弃也是怕我寂寞,霁宇略表歉意,一面将他家庭的温暖给这儿匀了点,说这儿离他家很近,不过一站路步行即可去;一面又将几个大人物的身价匆匆借来,弥补了陈设的简陋,说京沪的什么贵客来了也是安排住在这儿,他们都说蛮好。

霁宇有事先走了,说好快六点时过来接我去家里用饭。独自一人坐在空落落的房间里,想到上个月在大连刚与霁宇相识,今天在昆明重聚,世界固然不大,时间也过得太快。又想到方才霁宇的谦诚,觉得毕竟还是相知不深。

他高看我了,我是不讲究这些的。

我看重的是他这个人。

一九九七年,几乎与"马桥之战"同步,李霁宇,这位云贵高原上纯朴的文化人,做了一件中国文学批评史上惊天动地的大事。

他是昆明市文联的副主席,《滇池》杂志的主编。像中国大陆每个省和自治区都有省文联或自治区文联一样，每个省会城市或自治区首府都有市文联，每个市文联都有他们的刊物。这些刊物大都不景气，发行量少得可怜，少的数百份，多的三两千份，上万的凤毛麟角。虽号称纯文学刊物，业内人士少有看得上眼的。于是这些靠国家经费支撑，靠公职人员编辑的刊物，名为文学的圣坛，却几乎毫无例外地成为初入道的作者演练身手的旷野。在这儿你可以结识你的第一位文学教师，在这儿你可以发表日后称为处女作的作品。如果日后你有大出息，这儿就是你的土伦城（拿破仑的发迹地）；如果你日后没有大出息，这儿同时也是你的滑铁卢。

《滇池》就是这样一个平庸的刊物。

然而，一九九七年，它却陡地挺起身来，显得格外扎眼。

是李霁宇这位主编，给了它胸怀，也给了它胆魄。

还有时势。

谁也不能忘了时势这个势利之徒。不知拗住哪股筋儿，他可以让心雄万夫者赍志而殁，也可以让才情平平者成就伟业。责怪他是没有用的，只能反躬自问。只有别具只眼者，或后世的历史学家，才会发现失败与成功原本含在各自的质素里面。时势是一个铁铸的门洞，一头大一头小，大的一端谁都可以进去，小的一端只有一两个人可以出来。只是他的剔汰不以身躯的大小为然。出身，教养，学业，志向，勤勉，你可能只是一方面格外杰出，各方面都差不多的人你以为是平庸，就是他们自己也未必体察，实则是真正的优秀。今天人们已发现了这里的奥秘，起了个名字叫EQ。成功往往在一瞬息之间，实则人生早就设定了它的必然。

此前两年的时势，让人怆然。

中国新时期的文学批评，经过二十年的艰难跋涉，如一位羸弱的行人，终于颓然倒下。一个最大的标志，便是大批长期从事文学批评，且卓有成效的业内人士，纷纷弃甲曳兵已走。阎纲写起散文，雷达写起散文，曾镇南写起散文，吴亮写起随笔，李洁非写起随笔，张陵在编刊物，程德培在办文化公司……

才几年工夫，我视野里的这些优秀的批评家，一个个如缤纷的落英，脱离了青翠的枝头，一个个如惊恐的禽鸟，飞向原本不属于他们的天空。

大都仍在写着。大都写得不错。这不错只能让人伤心，都不过是在证明一个原本不需要证明的事实：他们并不比他们评论大了的作家缺少文笔的训练，缺少才华的蕴含。

而另一面，还有人责备他们是“低评高”，是叮在作家身上的蚂蟥，是只会把小窟窿补成大窟窿的补锅匠。

本已落荒而逃，还受到枪手的追杀。中国的批评界，正在上演着一部美国的西部片，只是角色扮反了，良善沦为穷寇，恶棍正吹着枪管上的硝烟。

时代呼唤着批评。报刊上常这么说。来效力的几乎全是吹捧。呼唤成了怂恿,等于是嫌吹捧得还不够。作品研讨会一个接着一个,长篇书评一篇接着一篇,你能从这里听出一句叫人振奋的话,你能从这里看出一个叫人惊异的词语?若然,我只能佩服你耳聪目明,还心有灵犀。

天高云淡,水落石出。到了一九九七年,中国的文学批评界,直如白雪皑皑的荒原,一望无垠,无遮无拦。谁说我们一无所有,这洁净无为的景观足可笑傲百代。

远处走来了一个人,在这无为的时际,在这空旷的荒原。

他就是昆明的李霁宇。

当了那么多年的副主编、主编,隐忍不发,就等着这一天。

他是作家,不是批评家。

他要做一件让作家愧怍,让批评家歆羡,让凡夫俗子不知所措的蠢事。只有多少年后,人们才会意识到那其实便是人生的伟业。

像电影《英雄儿女》里那位志愿军战士一样,跳出了战壕,向后方沉寂的或者说是命中率不高的炮群,发出撕裂肺腑的呼叫:“为了文学,向我开炮!”

这便是在他的主持下,从一九九七年第一期始,每期《滇池》杂志都刊出的“云南作家批评”,正式名号叫“文学批判”。先礼后兵,谁愿意加入就加入,一旦加入绝不能干预批判的公正。批评的对象依次是于坚、海男、黄晓萍、李霁宇、黄尧、蒋吉成诸人,都是云南地面上能拿得出手的作家、诗人。第四期上批评李霁宇的，是胡彦先生的《想象力的匮乏》，一篇几乎可置任何一个作家于死命的檄文。

说你社会责任感不强，你说你原本就没这样想；说你晦涩难懂，你说这恰是你的优长；说你艺术上粗糙，你说你追求的就是这种雄浑的风貌。是进击，也可以说是躲避，横竖他是伤不着你。批评你想象力匮乏，几乎就是说你不配当作家，你再往哪儿藏，你还有什么遁词可讲？

你不一定是这样，但你就得是这样。

这是在毁家纾难，这是在舍身求法。

有人说这是炒作。笑话。中国的炒作多多，你也来上这么一下。

真要是炒作，那就更其可贵。这比骤然跳入水中救人的烈士还要英烈，那是靠平日的修炼，事到临头连想都不能去想。这是一步一步走入水中，没腿，齐胸，渐渐沉入水中。视死如归，义无反顾。

只是上苍不忍见英雄如此白白逝去，才引发了正义者的呼救。

一九九七年七月三日的《文艺报》，刊出记者伊士的访问记《把水搅活——访〈滇池〉主编、作家李霁宇》，其中有这样的问答——

记:开辟这个专栏要达到什么目的?

李:把水搅活。激活创作,激活批评,让创作和批评同时感到压力,从而焕发文学的活力。

记:明年会不会推向全国?

李:我们已经拿到一些对全国范围内著名作家批评的文章、提纲,并开始着手调研、整理、分析,安排下一步的工作。

八月十二日中央电视台《文化视点》栏目,邀请李霁宇、宋家宏作为嘉宾,主持人跟他们一起畅谈,肯定《滇池》的做法,提倡真正的文学批评,抨击当今因循苟且的吹捧风气,还有那种只能捧不能惹的霸主脾气。

七月三日的《文艺报》,还刊出宋家宏的文章《为了文学,向我开炮——谈云南作家的雅量》。作者说,较之严厉的批评,他更尊重李霁宇先生本人。作为《滇池》的主编,李先生敢于在自己的刊物上发表如此激烈的批评自己的文章,没有一定的胸怀和境界是不可能的。只有超越了名利,把文学艺术看得高于一切,对繁荣文学创作有强烈责任感与事业心的人,才会有如此的胸怀。同时,作者将李霁宇的这一举措,与整个文学批评的窘况,当时正处于胶着状态的"马桥官司"联系在一起,谈了自己的看法——

进入九十年代以来,文学创作的多样化已初具规模,但批评却步履维艰,良好的批评环境始终没有形成,从"二王争吵"到最近的"马桥事件",都可以看出批评的艰难。批评的堕落现象、浮躁现象还大量存在，作家接受批评的心理也还相当脆弱。阿谀之词没有人要求道歉，偶有失误则暴跳如雷。“马桥事件”已进入法律程序，这是批评家的悲哀，也是作家的悲哀，它对形成批评与反批评的良好环境可能产生负面影响。

宋先生看得很准。

整个文学批评的窘况，是这一举措的大背景。

正在进行着的“马桥之战”，是这一举措的近景，或者说是衬景。

只有在这样的背景与衬景下，李霁宇所主持的“文学批判”，才显得格外引人注目，格外熠熠生辉。

先前我只是有点朦朦胧胧的感觉，今天写这本书，才将它们捋个清楚。找出笔记以充实，翻出旧报以印证。初到昆明的那天下午，独自在宾馆的房间里，我想得比这还要多。

笃笃的敲门声打断了我的思路。六点了，霁宇兄过来，领我到他家去用饭。在云南音像出版社宿舍院子的门口，遇见他的夫人彭伯玲女士，一位小巧的四川女人，后来，我、芙康、历健，都叫她嫂子。

嫂子做得一手好菜，牛肝菌辣椒炒腊肉，吃起来又香又解馋。

事事精明的任芙康，大丢其人

我是八月十六日到的，霁宇接站。

任芙康是十七日到的，霁宇和我去接站。

历健是十八日到的，霁宇、我、芙康去接站。

若还有人到，那就是霁宇、我、芙康、历健去接站了。暗合着某种古老的礼仪，又是一种严格的数学程式。推衍下去，将非常宏伟。可惜霁宇就此打住。没人来了，昆明方面就请了我们三人。分属太原、天津、北京，连城市的大小也是递进的。云南真是个古老的地方，这么凡俗的事件都会罩上神秘的帷幔。

接上历健，直奔东郊的白沙河宾馆。昆明市文联要在那儿举行一个“当代文学批评研讨会”。这就是霁宇电话上说的他们的活动。

小轿车疾驰着。这时我才明白过来，神秘云云，全是瞎猜。这样的接站法，决不会出现第四次。这是他们单位最好的一辆小车。前面除司机外可坐一人，后排顶多坐三人。再用这个办法接人，得换大车或再加一辆车。

到了。这是一个庞大的度假村，沿湖建造，有游乐场，有傣式小楼，宾馆只是它的一部分。我住二楼。霁宇和芙康一个房间，历健和我一个房间，互为隔壁。我问历健，晚上怕打呼噜吗？他说不怕，什么情况下他都能睡着。他太自信了，也太小看我了。我是那号一挨枕头很快入睡、呼噜声即起的睡手。在山西文学界，我的呼噜是有名的，开这样的会从来是独自一个房间，无人敢这么掉以轻心。果然头一天晚上，他就大吃其苦。辗转床箦，直到天亮都未能成眠。他后来提前一天离开，说是北京事情太多，不过是托词，真正的原因是一连两天他都没有合眼。为人要诚实，不能说假话，即便在不关乎品格的事情上也是一样的。老实人什么时候都不吃亏，比如我。

十九日是星期一，八点钟正式开会。云南文学界的名流几乎一网打尽，彭荆风、周良沛、于坚、宋家宏、胡彦……可惜我能记住的名字已不多了。上海评论家李劼也来了。他是偕夫人游云南，闻讯参加的。我俩早就相识，昨天一住下就去看望。那年他来山西参加我们办的笔会，在五台山出了车祸，若不是彼此都命大，此番相见只能是胡安·鲁尔弗笔下的鬼魂对话了。

霁宇讲话。总结《滇池》进行"文学批判"的意义、缺憾，及在外界的影响。讲到在中央台的那次露脸，多少有些遗憾，说在演播厅里不等他调整好情绪，那里已经开拍了，要不然他的形象会光辉得多。

霁宇是四川人，北京铁道学院毕业后来到昆明，浓眉大眼，相貌堂堂，在四川要算得上一种名贵的出产。只有这样的人才会想到形象，像我这样的人想一下都觉得是对想的妄想。

有人对批评自己的文章大发怨词了。我很兴奋。开会如同看热闹,越热闹越有看头。霁宇曾对我说,他们的作家对批评都能虚心接受。我不相信云南是化外之地,也不相信这儿的作家是冒牌的中国公民。

有人开了头,就有人跟上来。穿着大裤衩、和尚衫的诗人于坚,也对批评自己的文章痛加驳斥。他的舌头大点,又有点结巴,满肚子的词儿争着抢着要夺喉门而出,有时一下子挤出两个,有时两个或三个卡在门处谁也别想出来,就越发显得诗情激昂,不同凡响。他的《0档案》,初来的那天晚上我在霁宇家看到了,据说是最新潮的诗。

李劼的发言,对批评于坚的文章大肆诋毁。会有这么帮倒忙的朋友?

桌子围成矩形,主席在长的一边。我坐在短的一边。旁边是老诗人周良沛。历健坐在对面的那个短边上。别人发言时,周老曾过去对历健说了句什么。历健后来对此有精妙的解释,我和芙康都大开眼界。

两条长边后面各有一排桌椅。任芙康坐在主席席对面的那个长边后面一排的尽头,离我不远。我曾在他身边坐过一阵儿,他说:开会时一定要坐在你能看见别人而别人不一定能看到你的地方。一个聪明人在什么地方都会发现学问。

历健主要谈了提倡批评的重要,及《文艺报》的新举措。身居京师，知道得多，都想听他多说点，他很懂得节制，绝不多说什么。遮住的往往是最宝贵的，不露富的往往是最富的。我们只好叹息自己没这个造化。

芙康是个侃家，说起话来如江河滔滔，又干巴儿脆响，我们一会儿屏息静听，一会儿激动不已，过后一想，方知大上其当。他的通篇讲话，几乎全是为《文学自由谈》做宣传，再就是鼓励大家写稿子，最好先订一份《文学自由谈》。虫子，虫子，一只办刊物的虫子，这是我当时唯一的感叹。后来才知道，对文学批评，他有许多独到的观点，且一一在办刊中实施，比如“六不思路”就很精彩。

轮到我发言了。受人之禄，忠人之事，霁宇出单程路费，绝不是叫我来吃他夫人的炒鲜菌的。

半肚子的委屈，加上半肚子的学问，不噎也不撑，我说起话哐当哐当。

创作与批评，是鸟之双翼，车之双轮，这句风行文学界的话语，最初见于山西的一家报纸，后经高层领导首肯才广为传播。只有我知道它是怎么来的。执笔者是我的一位朋友，半夜三更电话打到我家，问这个比喻能否成立，是否还有更精妙的词语。我睡得迷迷糊糊，勉力思之再三，实在想不出比这更符合时代的说法。第二天见报，果然一炮打响。他如今已是北京一家大报的更大的笔杆子了。

它是精妙的，也是动听的，可惜只说出了两者的相成，没有说出两者的相反。

接着这个话茬儿，我来说我的见解，或者说是谬解。

创作若然是鸟，批评更像弹弓，专门打鸟的，打那些飞得不高的鸟。怕打，你就得往高处飞。高了还打，越打越高，于是批评完成了自己的使命，乌鸦变成了金凤凰。

创作若然是车，批评就是鞭子，专门抽打拉车的马。你往东跑，东边是沟，抽一鞭子你就得回来；你往西跑，西边是崖，抽一鞭子你就得回来。你要停下来吗？没那等好事，狠狠地抽，你跑得比飞都快。于是鞭子完成了自己的使命，驽马变成了神驹。

不一定正确，至少是一个补充，拓宽一条思路——不失时机地，我加了这么一句。谁也听得出来这是怎样的一种谦虚。

"啊呀呀！好怕哟！"黄晓萍发言了，这位四川籍的云南女作家，近两年散文创作颇有声名。"照韩先生这么说，我们作家还活个啥子哟。我们辛辛苦苦地写作，有缺点你可以提嘛，善意地提嘛。我们又不是三岁娃子，不知个好歹，改过来就行了嘛。韩先生一会儿是弹弓打，一会儿是鞭子抽，我可受不了。打来抽去，谁还敢再写朗个东西哟！"

不知怎么，她又向任芙康诉起苦，说她的一篇什么文章，《文学自由谈》就是不能发，"对我们这些下面的作家，你把你那胳膊肘子往高处抬抬不就过去了嘛"。

"晓萍哟，"芙康笑嘻嘻地说，也是满口的四川话，"我今天就定你一篇稿子,你就写写你对批评的恐惧好不好?你回去就写,写了就寄,一到就发,绝没有半点含糊!”

芙康真是精透了,人家寄去的稿子你不发,却让人家写什么恐惧批评的文章。后来一次一次的事情证明,芙康确是个办刊物的“虫子”。

黄晓萍现在楚雄烟厂宣传部门工作,一个辣味十足的川妹子,颇有才气,早年来到云南,如今已是四十开外的妇人了。会后,曾来我的房间,跟我谈了她这几年在散文创作上的追求与成就。

彭荆风、周良沛两位老先生都发了言。有人说彭先生一发言,就要骂人。看来也未必,这次他就没说一句骂人的话,反倒是谆谆告诫年轻人,要放开手写出好作品,为云南的文学事业增光添彩。更让我感动的是,在谈到批评的艺术时,他竟说到李健吾的批评艺术,似乎还说了李健吾对沈从文的批评什么的。没想到在云南这地方,竟遇见了一个赏识李健吾的人。我当即说道:

“彭先生,我就是个李健吾研究专家,最近出了本《李健吾传》,回去我给您寄一本。”

没有食言,我回到太原后就寄了去。

下午接着开会。评论家发言的多点,有云南师大的,也有云南大学的,还有楚雄师专的。他们的发言,缜密,平和,也不乏学者的幽默。毕竟是受过正规训练的,不像我这半路出家的和尚,不懂得佛门的规矩。再就是，能看出来他们对这次“文学批判”很感兴趣，很认真，凡写文章的人确是尽心尽力地写了。至于有些作家、诗人不满意，全在预料之中，发几句牢骚也都能理解。放在谁身上都一样的。

这样的会能开成这个样子，也就不错了。你别想在会上能解决什么真正的问题。得点信息，受点启发，就是不小的收获。再就是大家见见面，说说话，有委屈的诉诉委屈，有喜庆的表表喜庆。

这年头，文学界的朋友聚一次不是容易的。不是没时间，是没钱。听说这次会议的经费，还是市里特批的。批是批了，钱还没有拿到。他们的办法是，先开了再说，迟早总能拿到手上。

第二天午饭后，大轿车送与会者进城。霁宇、芙康、历健和我，坐小车直奔霁宇家。一路上都兴奋不已。下午游览了大观楼。晚上，霁宇夫人特意为我们准备了丰盛的家宴，可放怀畅饮。

事事精明的任芙康大大丢了一次人。在白沙河宾馆怕出意外，将他的名牌牛仔裤、T 恤衫，洗后挂在壁橱里，走时忘了取，到了霁宇家才突然想起。白沙河宾馆离霁宇家，至少八十华里，“打的”是划不来的。

我暗自高兴。芙康人本来就精悍，又会打扮，来昆明至少带了三套衣服，一套比一套体面。光 T 恤衫就有黑的、红的、花的三种，红的最好，不是那种纯红，是一种复色的红，高雅极了。他说是赵玫给他从国外带回来的。这次丢的就是这件。我只带了两套衣服,第一套已穿脏了,压在箱底准备带回去让老婆洗。这几天身上都有些馊味。看到精明人犯下这样蠢的错误,不亦快哉!

霁宇夫人是音像出版公司的编辑,热情,好客,是实情也是为了讨她的欢心,此后几天里,我们三个都一声接一声地叫她嫂子。一下子冒出这么三个高头大马似的弟弟,嫂子喜得合不拢嘴,一次性过足了当嫂子的瘾。

历史有个弟弟叫历健

你吃,我吃,他吃,都吃。昆明的水煮花生真好吃。

去大观楼的路上,快到门口的时候,先是芙康买了一袋尝尝,说好吃,往前走了几步,嫂子又买了一大袋。我问多少钱一斤,说是三元。怎么这么贵?嫂子说是公斤,这儿卖东西,都是按公斤计价。

我也想买点什么让大家吃吃,很快便放弃了。你的眼睛不敢往那些水果摊子上瞅,一瞅,嫂子马上问:“买点尝尝?”

嫂子叫彭伯玲,跟我同岁。她穿了件碎花的连衣裙。不是有她那么好的身段,这样年龄的妇女不敢冒这个险。

“吃呀,抓一把。”嫂子捧着花生袋,递到历健跟前,又递到我跟前,还没有忘了她的霁宇。芙康有他的那袋独自享用。

很快我就明白昆明的水煮花生为什么格外好吃了。一是咸，二是水。咸，你就觉得渴；水，你就得再吃才能止住那渴。饮鸩止渴，越吃越渴，越渴越得吃，后来基本上变成一种机械动作，吃得你手忙脚乱。

历健原说今天要走，经我们劝说多留了一天。他来得迟，若今天便走等于专门来昆明开了一天会。他说是工作太忙，我总觉得不是那么回事。后来他说了实话，跟我在一起住了两晚上，两晚上几乎没合眼，他实在撑不下去了。若再和我住一天，他会彻底垮掉的。他的话我信。再没有比睡不着觉更痛苦的了。一年之中我也会有那么一两次，虽说不会超过夜里三点，在我来说已是痛苦不堪。

金殿和植物园，历健来的前一天，霁宇夫妇陪芙康和我去过了。远处怕一天回不来，历健也没有兴致，便就近游大观楼和滇池。

我一直想去西南联大的旧址看看，已打听清楚了，就是现在的云南师院，总也没个空儿，看来只好作罢了。就三四个人，单独行动总不太好。

在大观楼门口的木雕店里，芙康买了个美人雕像，凹凸分明，线条舒畅，一路上摩挲不止。历健买了个大象的头雕，我也买了一个。他的一百三十元，我的一百五十元，多二十元，但我的比他的要刻得好。我的象头雕个头大，颜色红润，鼻子上翘，两个耳朵都很舒展。他的那个颜色灰暗，鼻子短短的，耳朵紧贴着脑袋，若不在脑门上写上“象头”二字，谁看了都会说是个猪头。一出门他就后悔了，硬撑着不说后悔话，直到晚上回到住处，才无可奈何地叹了一声：“回去送给小侄儿吧，他准喜欢。”

原以为进去就上楼，上楼便可欣赏孙髯公的著名长联，眺望八百里滇池的浩渺烟波。进来才知道，此地已辟为公园，你得在公园里来一次远足，才能——还不一定能找见那个楼。好在我们就是来玩的，游游荡荡，并不觉得遥远。

“诸位，”在一处竹林甬道里，霁宇停住脚步，“刊物明年的事儿，你们多考虑考虑。”

他是笑着说的，我们都能感觉到他心里的苦涩。

这话，他说过不止三次两次了。

他说的刊物明年的事儿，指的是他要在今年进行云南作家批评的基础上，来一场全国范围的作家批评，每期批评一位，全年十二位。这个意思，在《文艺报》七月三日发表的访谈中已晓谕全国。来到这儿才知道，他回答记者的那些话，顶多只能说是有个坚定的信念，并没有什么现成的文章，甚至连批评哪些个作家都没谱儿。倒是他说的批评这些著名作家，需找名气相当的批评家来担纲是实在话。我就是来冒充那个有名气的批评家的。

“霁宇，霁宇，让开点！”嫂子要为历健和芙康照相，要丈夫站远点。

离开一会儿，又合拢过来。

霁宇的心情，我们都理解。他是真正在为中国文学的现状担忧。再这么因循下去，二十世纪末期的中国文学，真要成为一种“世纪末”了。他已豁了出去，不计声名，不计利害，从文学批评入手，激活这一潭眼见枯涸的死水，让它流淌，喷涌，波涛翻滚，哪怕自己被这汹涌的波涛吞没也在所不惜。

芙康也有这个心愿。他的步子要切实得多。主持《文学自由谈》以来，一步一步地已将这个刊物扭向批评的正轨。不登或尽量少登温暾水式的评论，多登那些有见解、有锋芒的批评文章。他的想法是，像二战后期盟军诺曼底登陆一样，先抢占滩头阵地，进而向欧洲大陆全面推进。可惜这一两年间，所进行的都是零星的战斗。统率铁骑的将军，竟找不到实力匹敌的对手。隆美尔，你的装甲军团在哪里？

霁宇、芙康两人要做的事，历健已然做起来了。今年以来，他成功地组织了“马桥事件”的讨论。在一片责骂声中，本着新闻工作者的良知，顽强地也是机智地，要将这一事件的详情通告世人，并生发出中国文化甚至中国国民性的诸种底蕴。不偏袒哪一方，并非没有自己的主见。要揭橥表象后面的隐秘，却绝不用隐秘的手段。正因为他的这一努力，使他所效力的报纸初步实践了往昔的许诺。

芙康和历健虽不是一把手，并不存在什么掣肘的麻烦，大冯

(骥才)支持芙康,《文艺报》的领导支持历健,他们都像信任自己一样地信任着自己的部属。

他们都有本事,都有施展本事的阵地,独有我是无处栖止的孤鸿,四海飘零的刀客。

"唉——"霁宇又是一声长叹。

想想一两年来的中国文坛,也真让英雄气短。人文精神之争,不了了之;"二王"之争不了了之;最能显现出中国作家(包括批评家)实力的"马桥之战",刚摆开阵势,尚未厮杀,一纸诉状,便陷入死一样的沉寂。若说激活中国文坛,促进创作与批评的双重生机,这是二十年来最好的一次契机,就这么轻易地断送了。官司谁都会打,可文章不是谁都会写啊。

训练有素的虎贲之师,只得再度寻觅渺茫的战机。

"石山,你有没有批评的对象呢?"霁宇问我。

"没有,没有。"我摇摇头,"这种事也跟找倾心的情人一样,可遇而不可求。谁能有张颐武那样的运气,写上一篇千把字的文章,在一张服务性的报纸上一发,星星之火,便成燎原之势。张颐武就是瞎子,也算不准这一卦。"

"谁也算不准。历史事件都是这么在不经意间发生的。等人们意识到这是个大事件时,已是谁也控制不住的了。这就叫历史。"历健说得很动情。

"历健、历史,你俩是兄弟吧?要不怎么都知道他的名字是怎么起的。”说着，连我自己也笑了。

“韩少功一开始的话就说得太大了，什么他们终究将向我道歉，这话就不该说。别说张颐武还占点理，就是不占理，他宁愿坐班房也不道歉，你过去把他的头捺下去？——扑棱，他又起来了，就是不说那句话。”

芙康连说带比画，前一刻好像他就是韩少功，正在捺张颐武的脑袋，后一刻好像他就是张颐武，拱动着不屈地挺起自己的脑袋。霁宇也笑了，笑后又说出他的心病：

“没有，为什么不可找一个呢？”

“提上猪头不难找见庙门，你们这是提上刀子找猪崽哟。谁家的猪崽让你白白地捅上一刀子。”嫂子也参与进来。

看着霁宇实在是作难了，我扳着手指头给他分析，中国的大作家就那么有数的几个，其境况尽人皆知。

就说王蒙吧。跟王彬彬的争论丢尽了人，最丢人的话，是他说什么跟名人差了多少级别的人想批评名人。中国作家里活着的，就他是实任的正部级。说这话等于是欺负人。还说什么，对方就是跳起来都唾不到名人的脸上。更恶劣的是骂对方是“黑驹”。当年刘小波被称为黑马，是尽人皆知的，已捉进官府了，如今他说王彬彬是黑驹几乎就等于是提醒官府，快将这小子也捉进去吧。哪像个文化人做的事。

实际上，在与王彬彬的争论中，王蒙原本是可以大捞一票的。

比如争论初起时，王蒙完全可以说上这样几句话：我已经落伍了，也可以说是退伍（暗指从部长位上下来）了，提携不了年轻人了，那就给年轻人当个人梯吧，你们蹬住我肩膀可以上，蹬住我鼻子也可以上。对方说错的，不吭声；说对的，大加赞赏；没有错没有对的，至少也可以夸奖一番：彬彬这个小伙子，文笔犀利，骁勇善战，真是太可爱了。以王蒙平日显出的智力，稍微使点劲还是能达到这个水准的。谁知他智不及此，蠢更倍之，一句一个昏话，两句出口，就全盘皆输了，白白让王彬彬捡了个天大的便宜。

“那就批评他吧？”

“这个时候批评他，等于是成全了他，让他从先前的困窘中缓过来了。”

霁宇点点头。

贾平凹，当然也是够份儿的。批什么呢？《废都》出来后，上边曾批评过，如今旧事重提，等于官府都不管了，我们来管，那我们成了什么人？轻点说是太愚蠢，重点说就是官府的捕快了。江南之行回来，在南北文化异同等问题上，是说了些离谱的话，不无可訾议处，只是事出无奈，似乎也不该他负全部责任。再有一点最为可怕，他是个有定心也有定力的家伙。当年那么多人批评《废都》，他就是一声不吭，过后也不过说了几句闲淡话。光这一点，就非常人可比。这样的人我们批评了，他反击还好，若不反击，我们就是雪白的袜子掭到泥里去了。

又说了几位当今著名的作家，最后的结论是谁也动不得，没法动。

大观楼不准上，站在下边看了看。又乘飞艇游了滇池。

六点返回。还没走到楼下，就听见霁宇家里吠声如豹，汪汪不休，此未伏而彼已起，顷刻间已成雨打芭蕉的阵势。嫂子养了三只狗，原先都很名贵，据说高时几万元一只，现在它们的名贵仅仅体现在嫂子为它们提供的狗食上。

“乖乖，别叫别叫，妈妈回来了。”嫂子快步冲上楼，全没了在公园里款款而行的风致。

进了门，抱抱这只，拍拍那只，三只狗都有亲昵的狗名，依稀记得小的两只叫斯斯、菲菲，大的叫麦克。嫂子和狗亲得什么似的，就像她的三个儿女。我不喜欢养狗。这是我最不敢恭维嫂子的地方。霁宇兄真是大度，听说还写过一篇《麦克事件》的文章。

家宴摆起。那盘乌鸡炖牛肉，是她上午就炖好的。还有炒腊肉，炒青椒，光炒菌子就有三种。酒是中药材泡的普通白酒。在昆明的几天，除了白沙河的宴会外，平日我们就喝这种酒，味道纯正，不怎么上头。

历健还能喝两杯，芙康不胜酒力，满脸通红。他的兴致挺好，已从丢失名牌衣裤的烦恼中解脱出来了。嫂子的一位朋友，是那个宾馆的副经理，去大观楼前就打电话联系了，他方才回了电话，说是仍在衣橱里，明天下午就可捎回来。——真叫人丧气。

大家都举杯庆贺芙康有惊无险，独有我暗自安抚了自己一句：这世上你不会遇上一件完满的事情。

他们都夸我好酒量，只有我自己知道，我已快醉了。武松是“三碗不过冈”，我是三两就要醉。和所有好喝几杯的人一样，只要能走得动，能说得出，是绝不承认醉的。这或许是我平时还会犯糊涂，半醉之际倒格外灵醒。

酒足饭饱，我们到客厅聊天。明天历健就要走，想多在一起说说话。

我喝得确实多了，我一屁股蹾在客厅的沙发里，顺手抓起一本杂志，翻开第一页，噫，《斗艺》，韩振远，这不是我三弟吗？再看刊物，《美文》八期且是头条。带着醉意，我对霁宇几位说：

“这是我弟弟的文章。”

“是你这个当哥哥的给寄去的吧。”嫂子接过话茬儿。

“不是。是他自己投的。我的文章上不了这种高规格的杂志，就是上了也发不了头条。弟弟的文章比我的好，我一本一本地出书，他连个集子也出不了。”

“没上过大学？”霁宇问。

“上了。可那是怎么上的！初中毕业后，家庭成分不好，不能上高中，在农村劳动了八年，直到一九七九年才考上一所师专。还有个弟弟，也是那年考上的。他上过高中，虽说也在村里劳动了几年，但底子好些，上的是南开，如今在法国一所大学教书。不管怎么说,我是很感谢邓小平的。没有邓小平,我一家人现在还在农村受苦。”

嫂子问我是山西哪儿人,我说是临猗县。她说她上艺校时,校长是运城人,南下干部。我说临猗就属运城地区,离得很近。

嫂子说,这位校长很喜欢她,后来学生造起反,给他贴大字报,画漫画。有一幅画上,画的就是校长挽着她,旁边注明是资产阶级小姐。意思是校长不爱贫下中农子女,就爱她这个资本家的女儿。说到这儿,嫂子还扭扭腰身,以手支颐,做出“资产阶级小姐”的样子。

只瞥了一眼,我就把她推到了三十年前。一个气质高雅、活泼可爱的姑娘,不是资产阶级小姐又是什么。资产阶级就是漂亮,就是多情,这是那个年代的通识。像嫂子这样的人,只能扮演资产阶级小姐的角色。记得“文革”期间的剧团,凡是漂亮点的演员,要么让她扮成妖精,去演那些施美人计的女特务;要么扮成娇声娇气的记者,让她在国民党部队惨败之际,说些“国军必胜”的蠢话。漂亮总是与落后乃至反动扭结在一起。为我享用,但美无妨;施惠于他人,总要使之变为丑陋方才放心。

“霁宇从不限制我。”嫂子说。

“你越漂亮我越高兴。”霁宇笑道。

这两句话合在一起,正是这对夫妇超于常人之处。

“这么紧着回去干什么?”芙康问历健。

“山东两个青年评论家批评谢冕主编的两套文学经典不严谨。这两套书都很贵,一般人买不起,也看不到。我要把这两套书的目录在报上登一下,来之前已发了稿,样子出来了,得回去认真校对,别出了差错。”

我们都不知道这是怎么回事,历健简单解释了一下。哦,是这么回事,确实不太好。

“这里头大有文章,绝不是那两个青年评论家说的那么简单,仅是不严谨。报纸出来,你们都看看。韩老师,你看了要是觉得能写点什么,可以写写。”

我对教授从来都很敬重。在我的印象里,谢冕这个人还不错。我没有明确表态,只说到时候再看吧。

“要是可以,我们的刊物也可以批评谢冕嘛。”霁宇还在想着他的“文学批判”。

“要批评就批评作家,批评一个教授没有意思。”芙康关注的还是文学。

霁宇觉得也是这么个理。大家又说起别的事。

二十一日上午,历健飞北京。我和芙康又多待了两天,和霁宇夫妇一起游了民族村和石林。二十三日,芙康飞天津,我飞太原。直到临上飞机时,芙康和我都还一再向霁宇表示歉意,没有为他的事业出一点力,甚至连个好点的主意都没提出。同时向嫂子致歉,说白吃了她那么多好饭菜。

他夫妇俩都说没什么，只要朋友们常常记挂着就行了。

直到年底，在一次次受到谢冕弟子的攻击，心情抑郁之际，一天傍晚，我站在自家的阳台上闲眺，不知脑子怎么转了一下，忽然想到，八月间在昆明的聚会，就该是这么四个人。

一个是决心献身中国文学批评的云南作家、刊物主编。

一个是把一份文学批评刊物办得正火的刊物负责人。

一个是成功地组织了一场文学批评战役，正在寻找新的战机的记者。

一个是二十年来热爱文学批评，又一直没有一显身手的刀客。

当我们都还浑然不觉，甚至各自想着各自的心事，互不相侔的时候，历史已将我们凑到了一起。你们不干吗？那就再等等。它有的是耐心。安排好了的，迟早你得去做。

历史的弟弟历健说得对：这就叫历史。

谢教授，韩某这厢无礼了

八月三十日《文艺报·周末》第二版，刊出谢冕先生分别任第一主编和主编的两套《百年中国文学经典》（简称《经典》）目录，只限于当代小说、散文、诗歌部分。第一套是和钱理群先生合编的，由北京大学出版社出版。第二套是和孟繁华先生合编的，由海天出版社出版。报纸同时在第一版刊出施战军、吴义勤批评《经典》的消息。

我是事后看到的。我没订《文艺报》。

九月一日,历健打来电话,说让我看看这张报纸,为他组织三篇或两篇批评文章,我写可以,不写也可以。或是一次座谈,现在时行的说法是“对话”。

相识一场,这个忙还是要帮的。这种事,我做过不止一次。仅《文艺报》,前些年就曾为孙武臣组织过一次山西作家的座谈,还为冯德华组织过一次山西作家的散文专辑。

找谁呢?当然得找太原的批评家了。

阎晶明先生得算一个。他是山西作协文艺理论研究室的主任。这是他的本分。

山西日报社的李杜先生,一位有激情也有见解的诗人兼批评家。

还有谁?我得算一个。我若是不参加,别人就会疑心此中有诈——既是好事,你怎么不参与呢。

写文章还是座谈?想了想,还是座谈吧。正好三个人,既众志成城,又法不责众。

把这个意思给小阎说了,他同意。跟李杜说了,没意见。

选定日子,九月四日,就在山西作家协会文研室的办公室。事先,小阎去尔雅书店买来一套北大版的《百年中国文学经典》,

原来说好也买一套海天版的《中国百年文学经典文库》,小阎觉得没必要,只将谢冕和孟繁华的序文,还有《出版说明》复印一下,连上北大版的两篇序文,又各复印三份,装订起来,人手一册。

我们先交换了各自的看法,随即互相补充,使每人的看法大致集中在一个方面。差不多了,放开录音机,依次谈下去。说好过后由小阎整理成文。做完这一切,正好十二点。报社离作家协会挺远的,李杜来一趟不容易,该去吃顿饭。就在离我们机关不远的一家中档饭店,小阎付账。

我相信小阎的能力。只要整理出来寄给历健,就交差了。那几天我很忙,正在赶着写一个长点的东西,还要编我的一本集子。

九月六日,是个星期六,在传达室见到小阎留下的一个信封。这是朋友间常用的一种联系办法。一个院子里,不在一个楼住,上上下下不方便,于是捅在信封里,往传达室一放,对方取信时就见了。是整理成的文稿,说是让我看看,若有意见可添改,再打印。我看了,不太好。一块一块的,三个人三大块,不像个"对话"。没有对话的语气,也没有对话的衔接。小阎不应当是这个水平。纵然如此,我还是改了几句话,又放回传达室,说是"可以"。

惊动别人的事,不能太严格。对别人的事,也不必太负责。历健觉得不能用,他可以不用。

当天晚上,九点多吧,小阎来我家。

“韩老师，我看这个稿子不能用，不像那么回事。”

我心里很高兴，年轻人真好，知不足就添满，知走错就回来，只是我已不想再参与此事了。

“你就根据咱们的看法，糅在一起，再写一稿准行。”

我想错了，年轻人比我要聪明得多。小阎说，既然这个稿子是一块一块的，糅也糅不到一起，不如干脆每人据此写一篇文章，不就行了吗？

我问李杜呢？总不能再去一趟报社吧。

他说，李杜的一段现成得很，稍加润色即可。我这才想起，那天李杜来的时候，拿的是现成的稿子。

话已说到这儿，我也不好再说什么。小阎没错。人都一样，不关自己的事情，谁肯费那么大的辛苦。

按我们三人的分工，小阎谈学理，李杜谈入选作品，我谈谢冕一人不该同时推出两部经典，中心要落在：一个教授，两部经典，叫人该信哪部？

说好每人一千五百字左右。这么短怎么说得清这个道理，一开始我就没打算遵守，能写多少就写多少，只是不必太长。这两天没事了，我就看小阎复印的两部《经典》的全部序文和《出版说明》，还有八月三十日《文艺报》上登载的目录。

后来文章中说，我从尔雅书店抱回两套《经典》，是没有的事。一套都没有。我没有那么富，也不会那么蠢。北大版的那套，也只是在小阎的办公室桌子上看到过。若是有两套《经典》,文章中就不会说孟繁华是海天版的第二主编了。书上印的是副主编,还是在序页上印的,封面上就印了主编谢冕一人的姓名。这是我写此书前不久,在五一路书店才看到的。稍前一点,王小琪的访谈录中说孟繁华是副主编,我还不明白是怎么回事。

看的时候,我的思路仍集中在分配给我的题目上。

越看越不舒服,越看越替谢冕惋惜。怎么能做这种事呢?不管是北大版还是海天版,其中一部只要不叫《经典》,谁也不好说你什么。北大教授,在北大出版社出一部《经典》,堂堂正正,出那个海天版做什么?一眼就可以看出来,是图了那点编选费。后来批评我的文章中说,这是瞎猜测,还说北大的大教授,怎么会看得起那点编选费呢?比如《东方文化周刊》曾刊出一位叫程文超的先生或是小姐的文章,就故意做出小姑娘的扭捏腔调说:“谢冕这个人,你可以强加给他任何罪名,唯独以学问的手段骗钱这一罪名与他无缘。”在我看来,“以学问的手段骗钱”是好听的,若要说成别的,那就更难听了。

前两年人文精神的讨论,大都是在那儿空对空地清谈。人文精神是个实实在在的字眼。谢冕这种做法,就是人文精神的堕落。抨击这种做法,就是人文精神的张扬与再造。

谢教授,韩某这厢无礼了。

奋笔疾书。

文中说我晚上写到多少点，不过是行文的需要。写这样的文章我绝不会让它耽搁我的正常睡眠。不值。顶多两个小时就完了。

把笔搭得远远的。先说我对北大的感情。北大是中国的最高学府，对北大的教授，我从来都是心怀敬意的。在我那愚蠢的想象里，别说教授了，就连北大的清洁工也都一个个蓝袍飘飘，浑身的书卷气息。又说，我考不上你，可我心里有个你。北大就是中国的文化，就是中国。有北大，就有中国的文化，就有中国。末后这三个短句，定稿时删去了。还留下一点痕迹，第二自然段里那句“谢冕先生，你破坏了我的一个美丽的梦幻，一个纯真的信仰”，其中“纯真的信仰”，就是跟这几句对应的。这几句话，十月间在张家界，我曾背诵给北大英语系主任胡家峦先生听过，赵白生先生也在跟前。

下来就是那个编造的情节，说我怎样去尔雅书店，怎样跟老板对话，怎样把两套《经典》搬回家里。书店与老板都是真的，老板叫靳小文，就是李杜的弟弟。我跟他是朋友，这样编派他不会骂我。

查对两部《经典》异同的做法，确如文中所说，先分类列出北大版收入的作家及其作品，然后用海天版收入的作家及其作品比照。北大版有的，就在这个作家的名字上画个红点，作品不同或不完全相同的，画个×号，作家作品完全相同的画个△号。北大版没有而海天版收入的作家，则另纸誊录。

按说《文艺报》上同时刊出两套《经典》的目录，并没有厚此薄彼的差别，为什么我要以北大版为底本，而以海天版比照呢？

当时我就有个直觉，海天版是仿北大版而来的。能说出来的理由恐怕只有一个，北大版是谢冕、钱理群这对搭档，较之谢冕与孟繁华这对搭档，更适合编这样庄重的书。钱毕竟是北大的名教授，孟我连听都没听说过。

比较的结果，在文章中都写了，不赘。

文章里，为什么要插入谢冕的经历、著述和学术成就呢？

我的想法是，只有从这些方面，才能看出谢冕是个怎样的编选者，他的学术专长在当代诗歌评价，学术成就也不是很高，做这样的编选工作非其所长，甚至可说是难以胜任。当然，我的摘引是不全面的，也是篇幅所限。现在看来，这对谢冕先生是不公道的。在这里，特将《中国新文学词典》中“谢冕”词条全部抄录如下——

> 谢冕（一九三二—），文学评论家。笔名谢鱼梁、梁雨风。福建福州人。一九四八年开始发表诗歌和散文。一九四九年参加中国人民解放军。一九五五年复员并考入北京大学中文系，大学期间专注于诗歌研究，一九五九年与孙绍振等合作编写《中国新诗发展概况》，在《诗刊》连载。一九六〇年毕业后留校任教。现为中文系教授、中国文学研究所所

长、中国作协北京分会副主席、第四届中国作协理事。从一九五九年起，先后研究过郭沫若、臧克家、阮章竟、李季、贺敬之、郭小川、李瑛、闻捷等当代诗人的作品；写过《和新中国一起歌唱》一文，对三十年的新诗创作作了回顾。另外评介过朱德、周恩来、陈毅、董必武的旧体诗。“四人帮”垮台后著有谈诗的普及性读物《北京书简》。一九八〇年，发表了有影响的《在新的崛起面前》，肯定及支持一批新诗人的创作倾向，引起较大反响及争鸣。出版的著作还有《共和国的星光》《湖岸诗评》《论诗的创造》《谢冕文学评论选》等。长期致力于中国现当代诗歌的评论，善于捕捉新的动态信息，在诗歌界很受注目。

《中国新文学词典》，潘旭澜主编，江苏文艺出版社一九九三年一月出版。应当说明的是，这只反映谢冕此前的学术成就，至于经历、学术特长，想来不会有什么变化。就是现在，我仍挡不住他大器晚成，也挡不住他把更高的学术著作藏之名山。

我后来所以受到比别的批评者更其凶狠的攻击，不在于我说谢教授不该同时编选这么两套《经典》，而在于我进一步指出了，谢冕基本上不具备编选《经典》的资格，所以贸然行事者，是见钱眼开。我并不认为是品行不良所致，更大的可能是太糊涂；或者如他后来在另一件事上说的，他这人心太软。

不管出于什么原因，这种做法都是不对的。

文章末尾，我说，谢冕先生，以在学校的经历，你是北大中文系的教授，我只当过中学语文教员，上面这些话本不该我说的。可你做得出了格，不光污了你半世的清名，也污了北大百年的盛誉，我还是忍不住说了。

前面已经说过，中学教员云云，是我写文章惯用的一个招数，我愿意让人家说这小子不行，还要充好汉。至于有没有资格批评谢教授，我心里比谁都清楚。可笑谢门几个弟子，真的把我当成乡佬了，还嘲笑我不配说"哇"，而不知那是寒碜他们谢老师的。

最后一句话是"不对之处，敬请指教"。好多看文章的人，光看我说自己是中学教员出身，没有品出这八个字的分量。它得念出声才见出分量。

写上日期：一九九七年九月八日；再缀上室名：潺湲室。只有重要的文章，我才这么做。我知道它会发生影响，只是没有估计到会那么大。

打印出来，连同李杜、阎晶明的两篇，一并寄给历健。他还满意，只是嫌我的文章太长，问能否压缩一下，不要超过三千字。我一压就成了两千字，他又嫌压得太狠了，恢复了部分文字。

九月二十七日，《文艺报》同时刊出李杜、阎晶明和我的文章。

这前后，霁宇和芙康都知道我写了这么一篇文章。起初他们并没有要刊用的意思，后来知道刊出的是删节稿，才说把原文在他们的刊物上发表。既然可以重新发表，何妨再充实一些。正好这时，湖南文艺出版社要出我一本散文集，我想把这篇东西收入。十月六日，做了一次修订，与整理好的文稿一起寄给责任编辑刘茁松先生。同时寄给霁宇。给芙康的稿子更迟些，我又做了些补充。这样一来，这篇东西实际上就有了三个版本。

都是我的，我都负责。

我不后悔。我是个闲人，多点事情人才有精神。

“谢家军”的反击开始了

“你以为你是谁！”

十二月二十八日这天下午，我去机关传达室，创联部的老曹这么对我说。

又说，你没看吧？昨天的《文艺报》上登了一篇骂你的文章。

前些天就听说南京的《东方文化周刊》上刊出批评我的文章，如今《文艺报》又登出一篇。看来谢冕和他的门下弟子们的反击开始了。为了叙述的方便，下面还是用“谢家军”这个无褒无贬的俗称吧。

我们楼上一位老作家有《文艺报》，回去借来一看，嘿，这张报我是看过的，就在昨天，就在传达室，只看了同版上边的一篇《不仅仅是偏见》。当时未必就没有往下看，只是没有想到这样一个题目下会是一篇与我有关的文章。

文章的题目叫《你以为你是谁》，刊在右下角。老曹打趣我的话，就是从这里来的。

不是新发表的，是摘自《东方文化周刊》第四十九期。“摘自”二字给我造成错觉，以为原文要长些。后来才知道，这就是原文。

前些天，一位年轻朋友告诉我，他有这份刊物，原本要给我看的，听另一位朋友说我已经有了，也就没有在意。等他给我说这话时，他手头的那份刊物又让别人拿走了。他说南京这家刊物的编辑跟他有联系，他可以跟他们再要一份。

他一直没有要下。后来我还给南京打电话，编辑不在，是一位小姐接的，我让她转告编辑给我寄一本，也没音讯。直到一九九八年二月初，我给他们写信，薛冰先生才给寄来。从薛先生的信中得知，他们寄过刊物，我没收到。

这期《东方文化周刊》，除了摘录的我的文章外，还发表了四篇与《经典》有关的文章，一篇是贺桂梅的《如何理解“经典”》，一篇是程文超的《文明问题与文明态度》，一篇是徐文海的《你以为你是谁》，一篇是零度的《选本何以成为经典》。除最后一篇外，前三篇都是反驳对谢冕的批评的。后来有人告诉我，这三位都是谢冕的弟子。

在宜昌时，一位外地来宜昌的朋友对我说，谢冕的弟子们组织了好多篇文章，要反击你。这回你是惹下天爷了，你不知道“谢家军”有多厉害，哪个报刊社没有人？要封杀你这么个外地作家，容易得很。

我当时说也好嘛，这说明这些弟子即便不“重道”，还是“尊师”的，总算占住了一头，比那些一头都占不住的要强些。他们现在该组织个“护师团”才好。

看来这三个人就是“谢家军”的兵勇，“护师团”的士卒了。只是这军称不上“铁军”，这团倒有点像“团伙”的那个“团”。若他们真要全军全团动员起来为《经典》辩护，继而剿灭韩石山这么个三流作家，那他们可真要青史留名了。体坛有“马家军”，那是为国争光的，文坛的这个“谢家军”却是为国丢人的。当年梁实秋和韩菁菁要结婚时，台湾师大的学生曾组织过护师团，那是要保护老师的名节的，这个护师团却是不彻底毁了他们老师的名节誓不罢休。

这次冲上来的三名团员中，以徐文海最为凶恶，那不叫写文章，那是骂街。指名道姓地骂，跳着脚地骂。

谢冕若与第三个人编第三套《经典》，真该把这篇文章收进去。这才真正称得上二十世纪九十年代的“经典”，至少也是谢门弟子的“经典”。别以为我这是说刻薄话，因为按他的这位弟子在文章中说的道理，只要是与不同的人合作，就是再多编几套也无可非议。

好在这篇宝贝文章不长，全文抄录如下——

在我的印象中，韩石山似乎是黄土高坡上的人，但不知什么时候，他也时髦地学会了一声“哇”。他“哇”的原因是：谢冕主编了中国百年文学的两套“经典”，两套“经典”的内容不尽相同，因而，他这个“老实人”便“心寒了”，认为谢冕先生不仅污了自己的“半世的清名”，也“污了北大百年的盛誉”，更破坏了他韩石山一个“美丽的梦幻”，对中国最高学府的北大，对北大的教授，也难“心怀敬意”了。

是那么回事吗？

作为北京大学中文系当代文学教授、博士生导师，对百年中国文学进行梳理，本来是非常正常的事情，他的庄严感没有什么可以怀疑的，无须在这三个字外面加什么引号。他编选了两套中国百年文学的经典，并不说别人就不能编，他只是提供他自己的思路而已，用他的话来说，“事实上有多少个选家，就有多少种选本，同时也就存在着各异其趣的选择标准”；他选择的“经典”作品，“大体只是编者认为是最值得保留和记忆的作品”，自己并非认为“尽善尽美”和“无懈可击”；因为是和不同的两个人合编的，所以也即形成了内容有所不同的两个版本，这实在也用不着大惊小怪。

对这两套“经典”进行说理的批评是正常的，但是，像韩石山这样毫无说理的挖苦和谩骂却是不正常的。

韩石山因为无知，所以胆大，推断起别人无所顾忌。

按韩氏的打法，我们完全可以给他做如下的推断：他想出名，但无缘出名，或者说无才、无德出名，冥思苦想，终于想出个“石破天惊”的妙法；捧人捧不成，干脆骂大人物，谁的名气大骂谁，所以，无缝寻缝，见缝插针，耸人听闻，唯恐天下不乱……

他自我感觉甚好，以为自己在这“百年”当中无论如何也能“经典”一把，所以急不可待地从“尔雅书屋”中拿回了两套书，但是，翻过来掉过去地看了半夜，字缝里终究没有“韩石山”这三个字，所以，他愤怒了，怒不择言，只好大骂出口了。

真让人寒心，我倒不像韩石山一样“为当代文学寒心”，我为当代“批评”中有韩石山这样的人而寒心！

看了这篇文章，我的第一感觉是，这年轻人（实际我并不知道他多少岁，但敢肯定他比我小得多），真是勇敢，是理不是理都能说出口。说我无才无德，这都没什么，谁的才德也不敢说是最多的，少上一点便可归之于无。但是凭什么就先断定你的谢老师是“大人物”，然后再派定我是想出名出不了，才来骂这个大人物？又说，“谁的名气大骂谁”，这不就等于说，在当今的文学界、教育界乃至全社会，谢冕是名气最大的了？

徐文海不是善于推断吗？我也推断一下。从这种蛮横的语气里，我敢断定徐文海是从偏远乡村出来而又不用功学习的那类学生。我当过多少年的教员，见过这号学生。

只有这样的学生，见识才会这么小（县城出来的学生见识要广些），才会认为这世上只有他的谢老师是大人物，谁批评他的老师，谁就是想借此出名。跟上谢老师出名的事，我们这些谢门弟子还分不匀，岂容一个黄土高坡上的人再分一杯羹？我们是谢门立雪，熬破了多少个电灯泡才挣下“谢门弟子”这份光荣的，你韩石山随便批评几句，就想跟上我们的谢老师出名吗？

只有这样的学生，才会用这种手段来报效师门。学业方面上不去，就得在别的方面讨老师喜欢，考试时给个六十分勉强过关。大事上帮不了忙，就在小事上打主意，别的不会，看谁惹下老师而老师又不便出面，找到他门上破口大骂一通，这种力气活还做不了吗？

你韩石山一个黄土高坡上的人，怎么配批评北大的教授，博士生的导师！

你韩石山这么个无才无德又无缘出名的人，怎么配非议大人物编的《经典》！

你以为你是谁？

我得承认，徐文海是个会骂人的人。我就是有骂人的意思，也不过说说俏皮话，像这么恶劣这么不顾脸面的话，是说不出口的。光凭这一条，我就觉得北大还是要进一进的，考不上也该去那儿进修进修。

这么恶劣的质问确实不好回答。

不好回答，也得回答，要不徐文海就更得意了，往后还会有其他的不长进的学生跟上学这一手。那就硬着头皮说吧。

我是我父亲的儿子，是我儿子的父亲，我是个不学无术的笨伯，是个无恶不作的混蛋，我什么都可以是，就是不是你的谢老师，就是不是那两套《经典》的主编人。

满意了吧？

只要我不是你的谢老师，没有同时主编两套《经典》，就跟"我是谁"没有关系。因为我只是说谢冕这种做法不对，没说别的。错，是他错，对也是他对。只有在证明他对的前提下，才能说是我错了，也只是批评错了，而不是别的什么都错了。就事论事，即便我是杀人犯，都跟这件事没有关系。要判也属另案处理。

这一点，你就不如孟繁华聪明，人家口口声声讲的是"学理"。人家是博士。可见平日不好好学习，就是帮忙也只能做这种力气活，帮不到正经点子上。

有些话我是从来不说的，既然年轻人这么无知又这么凶狠，那就只好说了。

从所受的教育来说，我和你的谢老师是同时代人，都是"十七年的旧教育制度"时期进入大学的（这个词儿比较绕口，你可能理解不了，问问你的谢老师，他知道是什么意思）。我是考进去的，他是怎么进去的，我不清楚，因为他有中国人民解放军战士或军官这一身份。在那个年代,这比考分值钱得多。学校不同,学历是相同的。只不过他根正苗红留在了大学里,熬成了教授、博导,我出身卑贱,一毕业就去了吕梁山里,如今不在吕梁山里了,还是个穷书生。

只是这并不妨碍各自的努力。上帝在这一点上是公道的。从学术成就上说,你的谢老师最高的学术成就是《谢冕文学评论选》,一九八六年由湖南人民出版社出版。我的最低的学术成就是《韩石山文学评论集》,一九八九年由长江文艺出版社出版。以出版时间论,他比我早了三年;以各自的年龄论,我比他早了十二年。你看清楚了,那本《韩石山文学评论集》,我是说是我的最低学术成就,不是说是最高学术成就,也可说什么成就都算不上,仅是牛刀小试而已。

为什么说《谢冕文学评论选》是你谢老师的最高学术成就呢?因为此书在《新中国文学词典》中是作为一个词条收入的,至少说明一九九三年前是他的最高学术成就。

为什么说《韩石山文学评论集》是我的最低学术成就呢?一是那部词典里未当作词条收入,可见其不入流。再就是,此后我还出版过学术随笔集《文坛剑戟录》《黑沉中的亮丽》,学术价值都比这本评论集高。三是我的《李健吾传》,是本学术专著,代表我的最高学术成就。

我也知道这样比没有多少道理,可你既然口口声声说我是靠骂名人出名，我就得硬着头皮跟名人比一比。跟别的名人我不敢比，跟你的谢老师这个档次上的名人，我还是敢比一比的。

这样说，对谢冕是不太恭敬，没办法，他教下这样的学生，只能自认晦气。

同时，我也真服气了谢冕。当过教师的人，谁不爱惜自己的学生，自己出了事，躲在幕后不露面，却让几个学生来“蹚雷”。这事若放在我身上，我肯定是独自应战，决不连累我的学生。我年龄大了，脸面无所谓，他们还年轻，往后还得做人。何必为了自己的一点脸面，耽搁学生的前程呢。

看到这里，有人或许会说，你这个人也太那个了，在这场辩论中，谢教授从没有说一句话，你怎么老是谢冕、谢冕的没完没了。

不对，他说了话，而且跟他的学生一样，说的是没水平的话，如出一辙，更其恶劣。

证据在一九九八年二月十八日《中华读书报》第五版，在该报记者赵晋华写的那篇《十五年旧案又起波漾·“沙扬娜拉”说不完·谢冕不再心软》里。

不妨先把这件事的前因说一下。一九九八年第一期《文学自由谈》，刊登一篇小文章，叫《请教谢教授：“沙扬娜拉”是人吗?》，作者余云腾，据文末小注，此人是贵州盘县某中学教师。作者指出，在中国青年出版社出版的《文艺鉴赏指导(一)》中，有篇谢冕的赏析文章，名为《通过想象理解诗》，文中有这样的句子：“一朵水莲花在凉风中表现着婀娜的娇羞，诗人借以形容沙扬娜拉这位日本女郎的温柔缱绻。”作者继而质问道：“沙扬娜拉”是人吗？

作者的质问没有错。他看出了书中的谬误，他写文章指出这谬误。他是对读者负责，也是对作者负责。《文学自由谈》发表这样的文章也没有错，事实确凿，言之成理。至少在刊物发生影响的范围内，可以纠正这一谬误。并不是所有的人都知道，“沙扬娜拉”是日语“再见”的意思，书上说那是一位日本姑娘的名字，看着也就像个姑娘的名字。

这位名叫赵晋华的记者想为谢冕辩解，心情是可以理解的，只是不该斥责那位中学教师。文中说，这位中学教师的稿子先寄给上海的《咬文嚼字》杂志，该杂志经与谢冕联系核实后，没有采用，“由此看来，这个中学老师就算不是一稿两投，也是先在上海碰壁后又改投天津”。

这叫什么话？稿子不被采用，就叫“碰壁”？你写的稿子也投给别的地方，不被采用的，你每次都说自己是“碰壁”？还是《中华读书报》里全是这样的“行业用语”？

若想责怪这位中学教师，赵记者应当说，《咬文嚼字》杂志不仅与谢教授联系核实，还把事情的真相告知余云腾先生。可是通篇找不出这么句话。即便《咬文嚼字》杂志真的这样做了，也挡不住余先生仍这么做，因为谢教授从来没有公开说明过事件的真相，余先生有责任让三十万（该书的发行量）读者别上这个当。该书的读者对象是中学生，他是中学教员，至少也要为那些纯洁的中学生负责。

谢冕对自己的名誉不负责，如今出了事，赵记者说“事情在当事人身上却并不轻松”，你怎么就不想一想，你这样肆意诋毁一个无辜的中学教师，他轻松不轻松？你也许上过大学，不管是哪个大学，你尊敬大学教师为他说话，上过大学的想来也该上过中学，你怎么就这么不尊重中学教师，不设身处地地为他也想一想？你信笔写下这么句话，在那个“边远地区”，对一位中学教师会造成多大的伤害？

再说谢冕恶劣在什么地方。

赵记者的文章中，一开头就说，谢冕在给《文学自由谈》的信中说，该刊“今年第一期又做出新动作，再度发表某一边远地区作者的文章”。

这里用了一个“又”字，用了一个“新”字，还用了一个“再度”。

这是在说余云腾的文章吗？

查《文学自由谈》的总目录，此前从没有发表过余云腾的文章。那么与“又”对应的那个“先”，与“新”对应的那个“旧”，与“再度”对应的那个“首度”，整个后半句里暗含的“另一个边远地区的作者”，是指谁呢？

只能是韩石山，和韩石山发表在一九九七年第十二期的《谢冕:教人怎么敢信你》。

因为该刊此前就发表过这么一篇韩石山写的批评谢冕的文章。不可能是别的人,别的文。

在一九九七年一月二十一日《中华读书报》记者王小琪写的访谈录中,记者曾打电话问谢冕对那些批评他的文章的看法,“谢冕表示,那些批评文章他未见到,因此不打算说什么”。

现在谢冕还敢说那些批评文章他未见到吗?别的也许真没见到,韩石山的这篇你肯定见到了。如果你眼睛没见到,那就是别人读给你听了。不光见到或听到,还很生气,气没地方出,在这里带出来了。

是什么就是什么,要这个小花招做什么。

“韩石山是个边远地区的作者,对他我是不屑一顾的。”这就是你的话里的含义。

这和徐文海对韩石山的攻击合辙合卯。至于是你教给他的,还是他向你进献的良策,只有你们师徒二人知道。此话从徐文海口中吐出,尚可归之于愚顽,从北大教授口中吐出来,只能说是恶劣。

我原先还对谢冕表示同情,以为他只是太糊涂,现在我不这么看了。他就是这么个水平,他就能做得出编两套《经典》这种事。不是能,是已然做了。

我就是黄土高坡上的人。我就是边远地区的人。我从不否认。只是我要告诉“谢家军”的头目和兵卒们,在二十世纪九十年代都快结束的时候,说这样的话太掉份儿,太丢脸。这叫地域歧视。在中国现行的户籍制度下,持地域歧视观念的人,比世界其他地方,过去几十年间持种族歧视观念还要不得人心,至少也是一样的不得人心。种族没有高低贵贱,但种族的差别是存在的,至少有人类学上的差别,而在中国现行的户籍制度下,我就看不出一个边远地区的人,与一个北京的人有什么差别。不仅没有差别,若单个比,说不定边远地区的人还比某一个北京的人强。比如这位余云腾先生,就比谢冕先生强。他看出了谢冕文章中的错误,他敢写文章指出,谢冕自己的文章中有错误,自己就不敢登报承认错误。

跟谢家师徒说这些没有用,他们是听不进去的。扭过身来,我还是说说我一向对批评的态度。这是因为徐文海对我的詈骂,不光涉及我的文品,还涉及我的人品。

没跟我共过事的,批评我的人品,没读过我的书的,批评我的文品,我都不责怪。你不能责怪不了解你的人。如果读过我的书而批评我的人,我对他们表示敬意,因为他们毕竟读过我的书,就像来我家做过客一样。你不能责骂一位疏远了的客人。只有对那些先存了敌意又不认真读我的书或文章如徐文海这样的人,我才会痛加批驳。潺湲室不是普济寺,我也不是大慈大悲的观世音。

如果我错了呢？没说的，我肯定会认错。这里可举一个小例子，不久前，也是在《中华读书报》上，我发表过一篇《编书也不易》，文中说姚玉芙是梅兰芳的夫人。过后一位远方的朋友来信指出这是错的，姚玉芙是个男的。我马上给编辑去信，要求她将我的信用“来函照登”的方式刊出。原信是——

编辑同志：一九九八年一月七日贵报第六版，所载拙文《编书也不易》中，说“梅姚系指梅兰芳和他的夫人姚玉芙”，近日经一位朋友指出，错了。姚乃男性，为梅剧团的“大总管”。错了就错了，只有认错。祈借贵报一角，予以揭露，以正视听，并向贵报和读者诚心致歉。谨颂编祺。韩石山顿首。元月十四日。

错了就错了，承认就是。指出我的错误，等于是增加我的学识。我承认错误，除了说明我虚心好学之外，还说明我有知错就改的勇气与胸怀。平白得了这么多的好处，何乐而不为呢？

先说公理，再说学理

在或明或暗批驳我的众多文章中，如果说徐文海是“骂詈派”的话，孟繁华先生则是“学理派”。

看起来他是当事人，实则不是，因为我只是批评谢冕不该同时主编两套《经典》，对他与钱理群先生都没有涉及。

可是数他表现得最积极，又是发表文章，又是发表谈话，此中必有蹊跷。

文章有两篇，一是江西《创作评谭》一九九八年第一期的《文学经典的确立与危机》，二是一九九八年二月二日《光明日报》第六版的《文学经典的确立》。这两篇不能看作一篇，因为后一篇里没有“危机”部分。谈话是一九九八年一月二十一日《中华读书报》第十版王小琪的《“期待学理化的批评”——访〈中国百年文学经典文库〉副主编孟繁华》。

他知道我是个没有读过博士生的人，专拣我不懂的跟我辩。

也不全是讲学理，有时也跟徐文海一样，说我是想出名。比如在那篇访谈录中，就说，“有人以一种冷嘲热讽甚至人身攻击的方式来讲话，意在推出的是他们自己”，跟徐文海的论调差不多。

只是他比徐文海学识高，往往能“歪打正着”，比如这句话的后半部分就“着”了。

你是北大出来的，学位高至文学博士，我教不了你，也用不着来“推出”你。我写文章，只对读者负责，对中国的文化事业负责。再就是显出我的学识和品质，正如你编的《经典》，写的文章，已然显出你的学识和品质是一样的。在这个意义上说，我们都是在“推出”我们自己。只是你们“推出”得太离谱了。

我的文章所以涉及你们，并非你们多么可爱，我离不了你们。只不过是你们正好撞在了我的“枪口”上。再就是，这次“经典”

之争，也是前两年人文精神讨论的延续与落实。没有前两年人文精神的讨论，也就不会有今天的“经典”之争。后一点我只是提一下，此中究竟是什么关联，懂学理的孟繁华该不难明白。

还是说我的“枪口”吧。

这几年我一直关注着当今文化人的素质问题。你看光《文人的气节》《文人的耿直》《文人的叹穷》《文人的狂傲》这类题目的文章，我写过多少篇就知道了。我的本意，原是正面提倡中国古往今来那些杰出文化人的优秀品质，让那些有这样那样不良品质的文化人，见贤思齐，暗自悔改。看来我对这个问题的严重性，认识得还不够。

就是知道你们编了两套《经典》，说实话起初我也不想怎么批评。虽说我一眼就看出这是天大的笑话，将铭刻史册，为后世之殷鉴。至少往后一百年内，绝没有人再敢做这样的事。可叹时至今日，你们还意识不到自己做了件什么事。那些日子，我真希望你们能及时写篇自我反省的文章。中国的读书人是最善良的，只要人家知错了，什么都能原谅。雨过天晴，风和日丽，就像什么事也没有发生过一样。

可惜你们把好机会全错过了。最早的机会是一九九七年八月一日吴义勤、施战军在《作家报》上发表文章那会儿，你们就应当意识到点什么。若没有，当《文艺报》刊出两套《经典》的部分目录时，就该怵然而觉，知道纸里包不住火了。这个时候，及时地发表一篇文章，说明是一时糊涂所致（不管是真是假），也能说得过去。等我的文章出来，仍不为晚，只要没有引发知识界、文化界的公愤，都还来得及。哪知你们自恃是大学者、大教授，想做什么都能做成，没人敢把你们怎么样，即使做错了，只要用学理一辩，就会心想事成，呼风风来，唤雨雨至，死马可以使之成活，狂澜不难挽于既倒。你们也太自信了。悄没声儿，原不失为一着妙棋，只是你们脚踩悬崖之时，竟还不甘寂寞，还要来布什么学理的道，接受记者的什么访谈。

在孟繁华的文章和谈话中，张口闭口说什么“期待着学理化的批评”。

学理？亏你说得出口。

你们编书时，怎么就没想到学理？若是按照学理的规范操作，先就出不了这么两套书，也就不会有这档子事。如今遮不住世人眼目了，才想起学理，迟了，不顶用了。

我只是说谢冕不该分头和两个人编出这么两套《经典》，辨明此事的是与非，根本就用不着学理，用公理就行了。所谓的公理，就是常情常理。

不过，为了避免有人说我小肚鸡肠，或是避重就轻，我仍要把孟繁华的“学理”摘抄一段——

随着社会生活的变化，文学经典作品地位正在下降，许多新奇的、令人震惊和刺激的事物在不断出现，科技神话正加速改变着我们的生活,它同商业奇迹一起改变着以往的人文观念。一方面,"世俗化进程的完成(或近于完成)和民主协商对君权的取代使得文学经典有可能成为一种遗物——对信仰它的人们来说这是一个象征之物,而对怀疑主义者来说它是一种无足轻重的古怪玩意儿";另一方面,"不能满足社会和个人需要的经典的一方和迎合这些需要的非经典一方之间的鸿沟,从长远来看将不可避免地导致对经典的变革和调整,以达到把那些讨论相关主题的文本包容到新的经典中去的目的。从这一观点来看,经典的一个功能之一就是提供解决问题的模式"(佛克马)。一方面,如果没有一系列得到公认的经典作品,"一个有共同目标的批评界就无法存在";另一方面,"对经典中某些作品有着同样偏爱的人正在锐减,已经有迹象表明他们正成为四处逢敌的少数派,今后这迹象必然越来越明显"(迈克尔·泰纳)。这两个方面的经验,于我们说来虽然姗姗来迟,但毕竟已经来临。

全文五六千字,涉及《经典》的主要是这一段。前面是所谓经典的历史,下面是对批评《经典》的反批评。没有一句说到一个人同时主编两套《经典》合乎哪条学理。

仅从文章来说,也写得太差。句子拗口就不说了,光一段里连用了两组"一方面、另一方面"就犯了做文章的大忌。《光明日报》刊出这样的文章,实在莫名其妙,或者说是必有其妙。

好了，别说这里并没有学理，就是有，我也不理了。还是说人人都懂、孟繁华也未见得就不懂的公理，即常情常理吧。

在上文提及的访谈录中，当记者问到你们是怎样想到要编《百年中国文学经典》的，孟说，“我们实际上在一九八九年十月份就启动了百年文学研究，当时一些学者和博士研究生如王宁、陈晓明、张首映、张颐武、程文超、韩毓海、张玞、王利芬和我本人，在谢冕先生的带领下承担了这一课题”，然后说经过几年的努力，“我们完成了”《百年中国文学史》等学术著作，“在一步一步地完成了几个项目之后，我们才选编了《百年中国文学经典》”。

注意一下，这里的“我们”中，不包括北大版的另一主编钱理群先生。提到钱，只是紧接着说钱与黄子平、陈平原三人当年提出的一个观点，让“我们受到一个重要启示”。说到参与人员时，孟有意混淆学者与学生的区别，我断定当年孟繁华肯定是学生。再就是，完成这一课题，孟用了“承担”一词。

当记者问到为什么会有同一主编的两套《经典》，孟说：“百年间有那么多很好的作品，我们在一套选本里放不下的时候，用另一套选本再选一些作品，这有什么不可以的吗?”

如此说来，这两套《经典》，是相互补充的，是一回事。

且以常情常理来推勘。

按上文的说法，你们是“承担”了中国百年文学研究这一课题，在完成了《百年中国文学史》等著作后，又接着编选百年间的经典作品。那么这个任务,也是“承担”的了。承担,是上面放下来,下面的接住。也即是说,你们编选两套《经典》,是上面某个部门给你们的任务。若真是这样,上面的这个部门做事,就太不公平了。那边委任谢冕和钱理群均为主编,这边却让孟繁华同志屈就副主编之职。你是博士,又不是担负不起主编的大任,能服这个气?

还有,你说的“一套选本里放不下的时候,用另一套选本再选一些作品”,这话太含混,究竟是北大版放不下才出海天版呢,还是海天版放不下才出北大版呢?

你不愿意说清,我得弄清。

这得看哪个版是跟你们的研究课题配套的。

在海天版的内容简介中说,“同时问世的谢冕主编之‘中国百年文学’(文学史)丛书与之互相呼应,其十二卷中所论述的主要作品,概出于本《文库》,因此本《文库》系从作品角度勾画出百年中国文学成就的轮廓”。

知道了,你参与的海天版,才是跟“中国百年文学”丛书配套的。

那么就是以海天版为主了。是海天版装不下那么多,才出了北大版作为补充。

只是这样一来,问题又来了。“中国百年文学”丛书“其十二卷中所论述的主要作品,概出于本《文库》”,还要北大版做什么?

据此可以断定，谢冕在和孟繁华共同主编海天版时，见猎心喜，又跟钱理群合伙编了一套《经典》，在北大出版社出版。如今谢冕自知理亏，一声不吭，孟繁华明知与自己没关系，只是见韩石山等人对谢冕不恭，才仗义执言，打抱不平。

问题又出来了。在回答记者的提问时，孟繁华说，起初谢冕不同意海天版的选本叫"经典"，而愿意叫"选萃"或"文萃"。

这个显得谢冕就太霸道了。海天版是与你主编的"中国百年文学"丛书配套的，言既顺，名也正，怎么就不同意海天版叫"经典"，而把这个好名目，留给你和钱理群编的私货享用？

越推断越荒唐。

退回去，看看究竟是怎么一回事。

根本不存在什么"一套选本里装不下的时候，用另一套选本再选一些作品"。两套《经典》里，相当多的作品是重复收录的。哪里有这套都装不下了，那套里还要再收进去的道理。

如果真是你们在"承担"百年中国文学史这一课题之后，又"承担"了编选《经典》的任务，那么你们的上级领导就是严重的渎职。他该知道，同时编选并出版这么两套《经典》意味着什么。意味着什么也不是，只是一本一本印满了字的废纸。这比工业上的重复建设还要可怕。建上两个厂子即使效益不高，总还能多安排一些工人。而同时推出这么两套《经典》，等于不是经典。谁也不敢看这种书。你看这套里的一篇小说，没收的那套就会叫唤：

“那是假经典！”你看那套里的一篇，这套没收同样会叫唤：“那才是假经典！”两套都收的，该没的说了，不，你自己心里就嘀咕开了：不是说一人一个眼光吗？怎么他们两人的眼光就一模一样，莫不是串通好了作弄我这个读者？……总之你心里怎么想都不是个味儿，就跟吃了苍蝇一样的恶心。

如果真是课题任务，我们看看谁有资格承担。是谢冕和钱理群有资格呢，还是谢冕和孟繁华有资格？编《经典》是在完成百年文学史课题之后，其时孟繁华不过是个学生或刚刚毕业的学生，放着北大那么多的教授、博导不用，上级部门怎会将如此严肃庄严的任务委诸一个顶多刚刚毕业的学生？退一步，如果真是上级部门糊涂，确实要出两套《经典》，那么就该安排同时在北大出版社出版，至少也应当在教育部门的出版社出版，怎会让一套在北大出版社出版，另一套在海天出版社出版？须知凡课题国家都是给经费的，怎肯让白花花的银子（教育经费）落到深圳出版人的腰包？

据孟繁华说，他参与的这套《经典》，在编选过程中，谢冕曾劝他别叫“经典”，而叫“百年中国文学选萃”或“百年中国文学文萃”。此处露了马脚。若是上级放下的课题，谢冕凭什么资格敢随便劝同样级别的另一个课题组改变承担的课题的名字？退一万步，若谢冕真的是这套《经典》的主编，他本人就有资格定所编的书的名字，还用得着向孟这个副主编建议而不被采纳？

种种迹象表明，是谢冕与钱理群在受北大出版社之邀，编选一套《经典》时，孟繁华插了一杠子，与海天出版社签约，也要出版一套《经典》，且要抢在北大版的前面推出，以占领市场，牟取暴利。他觉得，或是海天出版社觉得他的资望不够，便拉了谢冕当幌子。从海天版的序文上，就能看出此中的破绽。两篇序文，谢的那么短，纯粹是应付；孟的那么长，纯粹是显摆。海天版的实际主编，只能是孟。谢不过是挂了个名。这是孟的狡诈，也正是谢的颟顸。谢当时应当想到，这样做怎么对得起北大出版社，怎么对得起北大版的另一个主编又是同事的钱理群先生？这不是砸北大出版社的牌子，往钱理群眼里揉沙子吗？

孟繁华做事很绝。谢向他提出，这套还是叫"文选"或"文萃"时，定是已经发觉这种做法的不妥，想及时改正。孟决不会答应。就是孟想答应，出版社也决不会答应。出版社所以出版这套书，看中的正是"经典"这个名目。若叫成"选萃"或"文萃"，一是没有卖点，出版了笃定赔个精光；再是海天出版社里随便一个中文系毕业的编辑都做得了这个活儿，就是博士生也不会没有，何必远迢迢地劳你孟繁华，一个副研究员的大驾？

因此，孟在访谈记里所说的，后来所以定成这样的名字，是"通过相互坚持和妥协达成的一种结果"。现在清楚了，坚持的是孟繁华，妥协的是谢冕。

据此可以肯定地说，作为与"中国百年文学"丛书配套的《百年中国文学经典》,北大版是正牌货,海天版是冒牌货(与出版社无关)。

谢冕参与了一个正牌的《经典》,同时又参与了一个冒牌的《经典》。这就是谢冕的悲剧。为了什么?为了一点情面,还有几个小钱。

孟繁华再别装什么见义勇为的好汉了。他不是在为"百年中国文学经典"的课题辩护(有没有这么个课题还在两可之间),也不是在为他的老师谢冕辩护,他是在为他自己辩护。

辩护的思路是:把他主编选的这套《经典》说成是正牌货,也不说北大版冒牌货,这样两套就都是正牌货了。

谢冕不说话,是因为他知道自己难辞其咎。只要孟能辩得两套都是正牌货,正好给他洗刷干净。钱理群不说话,是因为眼下丝毫未涉及他,乐得什么也不说。即使辩得两套都是正牌货,也伤不着他什么。

但这个度是很难把握的。现在孟繁华的做法已经过了头。再辩下去,就会出现海天版是正牌货而北大版是冒牌货的局面。那时候舆论的矛头,就会一齐指向钱理群。真要到了那一天,钱字虽有半个是金字,钱理群也绝不会学金人三缄其口的。只要钱一开口,整个事件就真相大白。

现在的态势是,孟繁华捅下的窟窿,想补上又不愿意认错,正在越捅越大。他每发一次言或写一篇文章,窟窿就大一点。像这次，他若不接受王小琪的采访，我就难以分析得这么透辟。

孟繁华若真是个英雄好汉，现在还来得及，那就是赶快发表一篇文章，向谢冕道歉，说："谢老师，我连累了您。"

同样，谢冕若真的是位北大学人，也应当向国人道歉，说："我错了，祈国人谅之。"

若这师徒二人一味狡辩，一味说什么"边远地区"，我也没什么好说的。无论从年龄还是从隶属关系上说，我都不对他们负有责任。

一九九七年的"经典"事件，必将从反面告诫后世学人，一个不按学理准则、不按学术规范行事的文化人，会做出多么可悲复可笑的事情。

随着事态的发展，其内在的纹理也看得更清了。前面我曾非薄过前两年的人文精神讨论，现在看来是褊狭了。对谢冕的批评的焦点，一开始就集中在知识分子的品格上，这可以看作是人文精神讨论的具体化。没有那场讨论，就不会有今天的"经典"之辩。若说此中有什么学理的话，这才是最大的学理。

写罢《教人怎么敢信你》，我原本不打算再写什么了。朋友们也劝我别再写什么了。但是，看到徐文海这么凶恶，孟繁华这么嚣张，连谢冕也这么不晓事，我还是忍不住写了两篇文章。一篇是痛斥徐文海的詈骂的，叫《不管我是谁》；一篇是批驳孟繁华的"学理"的，叫《先说公理，再说学理》。一并在一九九八年二月二十一日的《文艺报》刊出。这两篇文章，也是写给谢冕看的。同时声明，往后我再不会为此事写什么文章了。

恳望他们多看看我的文章，别光欣赏我的辞藻，要多品品其中讽谏的美意，再策划他们往后的“军团大计”。

一九九八年二月二十八日

东亚文学论坛纪事

二〇〇八年九月二十七日　星期五

晨六点起床，淑娟备早餐，餐后即拉旅行箱赴迎泽大街长途汽车站。昨天散步时已打探过，六点半或七点发第一班车。到时快七点了，车未发，急购票，一百五十元。入内乘车，七点十分发车。七个小时后到北京。原来车上都赠送盒饭，面包一二，咸菜一小包，现在没了，不知是此车没了，还是发北京的大巴都没了，也不便打问。

午后两点到京，稍候韩波、小龚便来了。原拟时间宽裕，去韩波家看看小龚母亲，时间不多了，三点要在中国作协机关六楼开会，就不去了。韩波开车送我到中国作协。对这一带的路，韩波不熟，转了几条街才找到。外联部小阎已给安排了房间，三层招待所三〇九室，稍事休息，吃了几个红枣，韩波和小龚即离去，我去六层会议室开会。

外联部亚非处主任李锦琦已在会议室等候。前年去印度，李为随团翻译，老熟人了。小阎将《出访日程手册》发下，始知详细情形。比如会议名称，原说是“韩日中三国东亚文学论坛”，看手册上的名字，为“韩日中东亚细亚文学论坛”。出访人员名单也知道了，计铁凝、莫言、雷抒雁、苏童、许龙锡、孙惠芬、李敬泽、韩石山、王宏甲、季红真、孙甘露、胡军、江胜信、李锦琦、阎思学。从后来外联部主任刘现平的介绍中知道，铁凝为团长，莫言、雷抒雁为副团长。团员诸人中，胡军为《文艺报》记者，江胜信为《文汇报》记者，是个女孩子。

参加会议的人陆续来到。莫言、李敬泽、雷抒雁因故未到。铁凝来了。外联部主任刘现平主持会议。刘现平与李锦琦介绍了这次会议筹备经过，今年四五月间，他们曾去过韩国。铁凝也讲了话。据她说，是大江健三郎首倡，韩方最为积极，经济发展了，就有了文化扩展的需求。三国联合，将来吸收亚洲其他国家参加，形成合力，以与欧洲文学霸权抗衡。对中国来说，也有益处。其扩张文化的一面，我们可以不予理睬。

下午五点半会议结束。刘现平说，晚餐在对面怡和大酒店，作协金炳华书记设宴为代表团送行。届时步行过去。约七点开始，金炳华讲话，说设宴送行，乃作协惯例，这次代表团阵容之强大，为近年来所仅有。铁凝也讲了话。餐前闲坐时，铁凝对我说，她看到我写身世的一篇文章，没想到我的家庭过去受了那么多的屈辱。宴会上备有红酒和饮料，金书记对我说："老韩是喝白酒的，上瓶白酒吧，有精制的二锅头，好几种，你说要哪种。"我已戒酒，但以前与书记喝过白酒，解释反而见外，便说要好的吧。书记果然点了一种包装极为精美的。我和李敬泽坐在一起，李亦喝酒。

一顿饭下来，喝了二两的样子。饭后去护城河边散步，回来洗浴后即入睡。

九月二十八日　星期六

七点起床。睡得很好，在九个小时以上。洗漱后去二楼食堂用餐，见陈建功与孙德全。餐后回房间拿上水杯，去六楼见孙德全。孙现为创联部主任。孙谈在广东东莞的见闻，感叹经济发展之迅猛，一个企业家一年弄几十个亿是小菜一碟；一退下来的区委书记，自建一博物馆，规模之宏大，藏品之精美，让他大为吃惊。深感北方之人所谓富裕者，不过是有了些生活必需品而已。坐了一会儿，邢春来了，又坐了一会儿，想到人家都有工作要做，便告辞。

今天早上起来，发现右眼睑上的皮癣又起来了。想到前些天曾抹过淑娟床头的一种药膏,效果甚好,便打电话问淑娟,说是无极膏。下楼去买。途中淑娟来电话,说还有一种药膏也不错,叫百多邦。问一行路老者,知前面不远即有药店。两种都有,买了无极膏。回来抹上,眼睑上凉丝丝的,舒服多了。

十点四十几分,下楼集合去机场。我看准是四十五分,下去还是慢了一步,代表团的人都到了街边。一会儿过来一辆大巴,可坐三四十人,我们的人不过十几个,真正出访的只有十一个,另有刘现平等部门负责人是送行的。铁凝是部级干部,去机场候机另有特别优待。莫言、雷抒雁、李敬泽、王宏甲自个儿去机场。到了机场,除王宏甲来得迟些,都到了。铁凝不计在内。办好登机牌(先将护照发给本人),大家一同上一机场餐厅用午餐。作协党组成员陈琦荣、办公室主任彭某某陪同用餐,招呼大家,很是亲热。这种事情上,最能看出作协机关领导同志的素质之高。

下午一点五十五分起飞,飞行不足两小时,到仁川国际机场,为三点五十分。按韩国时间则为四点五十分,推后一小时也。韩国大山财团的接待人员,已在出站口扯起一个丈余的横幅,上印“欢迎中国作家代表团”。李锦琦领铁凝见过接待人员。此时始知同团还有一位韩语翻译一起来到韩国,叫杨晶,看名片,像是专职翻译。

仁川机场到首尔还有一段路,估计当在一二百公里。车行将近一个半小时,到了首尔一处地方,下车用餐,这就纯是韩国菜了。一个不大的饭店，摆了几排桌椅，六个桌子上放了碗筷，三个一排，共两排。其中两个桌子是烧烤，其余全是火锅。显然韩国接待人员认为烧烤更讲究些，让铁凝和莫言坐在那两桌上，他们也打算坐下作陪。孰料铁凝见那边是火锅，说她爱吃火锅，便坐了过去。这样一来，主人也随了客人的便，不再设主席、次席，由大家自由结合而坐。我本已坐在莫言、江胜信的一桌，雷抒雁一人坐一桌叫我过去，就过去了。一会儿在外面吸烟的几人进来，大致就坐满了。空下三两个座位，只是显得不挤，并不显得很浪费，盖人员是计算好了的，不会有大的出入。

餐后又上车，行不多远，便到了高丽雅娜大酒店。小阎分发钥匙，锦琦宣布注意事项，主要是明天早午吃饭的地方与时间。明天晚上是欢迎宴会，等于整个白天无事。我住在1507房间。

韩国宾馆有黄色电视节目，翻了几下就翻出来了，看了一会儿，洗澡，记日记，睡觉。明天上街该买几件瓷器，不要盆儿瓶儿，就要茶杯什么的，这是我看了宾馆的茶杯才萌生的主意。

这也是因为身上现在已有韩元了。在北京机场，中国作协给每人发了一百七十美元。可能是出国的补助吧。记得上次去印度，是一百美元。在仁川机场等候期间，小阎说可以在这儿换韩币。此前她多次说，经网上查对，还有她不久前赴韩的经验，在机场兑换比率最高。我们等候的地方，就有兑换处。几个人都过去兑换。一美元兑换一千二百八十韩元。我将一百七十美元全换了，换得二十一万七千多韩元。人民币的比价是一元兑一百八十七韩元，似乎比前两年我来时高了许多。

离开太原时，有些感冒，还吃了药。经过二十七日晚宴一喝酒，感冒反倒好了。

九月二十九日 星期日

早餐后与雷抒雁外出，约八点半，街上商铺都尚未开门，雷说这儿的商铺要十点才开门。遂返回酒店。九点左右，老雷来电话说过去聊天。说起现在的作协领导，我说还是铁凝当主席最好，许多旧的恩怨全都没有了，顿时开了一个新局面，这也是这一届党中央有政治智慧的表现。金炳华是历来书记中修养最好，作风最正派的一个人。雷赞同我的看法，毕竟是圈内人，说了一些评价，尤其是前后对比，更是一针见血，说到根子上了。

十点，雷约了翻译杨晶，一起上街。往南大门方向，没找见那个市场，见一大商场，高十四五层，我们先是上到十层，再逐层往下。在八层买衣服处，一品牌店的降价衣柜里，有几种年轻男女的衣服也还中意。我挑了两件款式相同、颜色不同的年轻女子休闲上衣，打算一件给儿媳，一件给女儿。共五万八千韩元，约五六十美金。老雷也买了两件，其中一件与我买的款式相同。

匆匆赶回酒店，到二十一层，见只有酸奶与面包，疑心当是二层，下到二层，杨晶问一接待人员，知中午无饭。老雷要参加新闻发布会，不能外出了，回房间准备。我和杨晶出去，找见一面馆，一人要了一碗面，实为方便面，一碗二千五百韩元，两碗五千韩元，我付了。

下午未外出，在房间里看电视。来首尔一天多，觉得皮肤滋润了许多。前几天在太原，买《董其昌书画图录》，书太重，又提上走了段路，右手中指和食指勒得起了皮，整个手掌也干皴起皮。这两天也是精心护理，竟完全好了。可见我们不是天生的粗糙，实在是环境使然也。

原不打算外出，休息到四点钟，觉得坐在房间里看电视太无聊，该出去转转。早上出去，见斜对面有一形似火炬冰激凌的纪念塔，或许该说是城市雕塑，那边的街上似乎更繁华些，那就去走走吧。

首尔的街道，间隔不远就有地下通道，有的是地铁站，有的似乎就是个通道，都很宽敞。想起太原长风街新修成，也建了地下通道，据进过的人说，比《地道战》里的地道略宽些。自然是笑话，但不宽也尽可知。这儿的地下通道，可称为地下街道，有商场商铺，散步其间很是舒服。

过到那边，小广场上正在搞促销活动，好多人举着白色四方牌子整齐地走去。活动像是完了，正在发放宣传品，我也过去领，没有宣传品了，给了一个圆形的小牌，还有一瓶矿泉水。再往前走，有人散发宣传品，不长的一个折子，有图有文字，文字不懂，图的意思也只能是猜，像是推销什么奶制品。过了小广场，往下一看，是条不太宽的河，河岸水泥筑成，河底也是水泥的，不过嵌了许多石块，看起来自然些。有中国人在此游览，听导游说，叫清溪川。

再往前走，上了岸，去旁边街道上转转，又转回清溪川，正好有座石桥，刚才路过是在桥下，现在是在桥上。桥名广通桥（韩文旁注汉字），两侧的石块上雕着“庚辰地平”“癸巳更濬”。可见，在重大建筑上，韩人还是愿意刻上汉字，显得庄重些。来时路过一碑亭，四周有石围栏，一看便是中国式的碑，绕到正面，有四个汉字，“纪念碑殿”。想来该是光复前的遗物了。回到宾馆，正好五点。行程表上规定，五点五十分在大厅集合，参加韩方的晚宴，要着正装。

五点四十分，许龙锡先生过来叫我下楼，我们下了一楼不见人，又出了酒店外，也没有人。这个酒店，进了一层是个大厅，有电梯可上，但没有吧台，吧台在二楼，有滚式电梯可通。想来这是韩国日报的大楼，下面是报社，十几层以上为酒店，才有这样的格局。我对龙锡说，我们可能错了，该在二层等着才对。返回二层吧台前，果然我们的人都来了。韩国方面给每位中国作家都配了一位韩语翻译，也都来了。为我翻译的金小姐正在找我。交谈后始知，她是首尔大学中文系的学生。

乘车，往三清阁出发。路上，经我询问，金小姐说她叫金英明，原在吉林某市（长春与沈阳之间一市）居住，六年前来到首尔。她的爷爷是韩国人，早年到了吉林，有儿子，曾回韩国为儿子办了户口。回去不久事变（韩战?）发生，两国断绝交往，直到改革开放后，才恢复民间交往，她正在申请恢复韩国国籍。在国内已上过工科专科学校，来首尔后重上大学，本科马上就要毕业了，还想考研究生。她的学业很好，享受全额奖学金，还在外面兼一份中文教职。这次老师挑了最优胜的学生来为论坛做翻译，为此，她把兼职都让给别人了。

车行约四十分钟，我的感觉是穿越了大半个市区，开始上坡，上了又上，终于见到了“三清阁”三字的石界碑。旁边有“客饭”二字的石碑。小金告诉我，韩国很有名的一部电视剧，就是在这个地方拍的。这个地方在韩国很有名。车上有人说，在这儿用餐，相当于中国人在钓鱼台用餐。

三清阁是个三层楼房，完全是中国唐式建筑风格，还要夸张些。我们不是从正门进的，走的是偏门，直接进入三清阁的后花园，门楣上方有“迎仙门”三个字。“仙”字异体，作“僊”，锦琦问我可是“迁”字，我说是“仙”字。进了门，是一个宽大的草坪，一侧桌椅已摆好，一排四桌，四排的样子。签到时，有工作人员将座位表给了陪同的翻译，这样各人就知道各人的位置了。入席前，一旁备有红酒，可随意取用。我拿了一杯，也给小金拿了一杯，小金连说不好意思,她是翻译,喝酒不合适吧。

约七点,始入席。我在第三桌,同桌有大山文化财团的理事长,韩国组委会的委员长,韩国的一位女作家,一位日本作家,仁川大学的一位教授(翻译),再就是小金。主持人介绍时说,每个桌都配了一位日文翻译、一位韩文翻译。

大山文化财团的几位人士致欢迎词毕,宴会开始。这儿是三清阁的后花园,或者说是后院,宽大的草坪显然就是做露天宴会用的,正对着三清阁的大殿。大殿另有自己的名字,叫“一和堂”,门上悬大匾,两旁的对联是:“诗书礼乐乾坤大,日月星辰政教明。”那个“坤”字,写作“水”字的样子。我起初也认为是“水”字,莫言说是“坤”字,并说,韩国有许多这样的异体字,初看莫名其妙,细思却持之有故,你回去查查,看“坤”字有没有这种写法。又说,他前不久见一异字,“并”旁一“刃”,问我何字,我说是“创”字吧。

毕竟是秋天,又是夜里,还是山上,确实有点寒气逼人的意思。主人似乎早有考虑,桌席间立着几个形似烤炉的灯,也有炽热的灯光照过来,每人椅上还放了一条折叠整齐的薄毛毯。纵然如此,着装单薄的女士还是不胜其寒,大多将薄毛毯裹在身上。毛毯为灰蓝色格子花纹,裹在身上,让女宾们平添了一份妩媚。

菜很丰盛,无论何菜,每道上来,每人一份,基本都能吃完。有女士吃不完,也不是因为量大,而是有忌讳,比如我旁边的小金，对东坡肉就不动一下。

大约九点，宴会结束。主持人讲过话后，先是日本作家代表团团长岛田雅彦致辞，有七八分钟的样子，接下来是中国作家代表团团长致辞，就是铁凝讲了。我想到铁凝讲话定然精彩，正好小金带有笔和小本，便要过来做了记录。铁凝的讲话，果然大方、风趣，博得全场一片掌声。

铁凝的讲话，稍做整理，如下：

> 刚才岛田雅彦先生说，要勇敢地交流，我响应。但是，在这欢迎宴会上，有美酒，美食，还有这么美的音乐，我只有表示感谢。感谢韩国大山文化财团，感谢这清新的空气，感谢这虽说有些凉意，仍可称为温暖的秋天的晚上。同时也感谢文学，让我们三国作家在首尔团聚。我所以感谢文学，是因为有个中国作家，他写的关于钱的表述。他的一个小说里说，钱不是万能的，但没有钱是万万不能的。在这个场合，我想套用这句话说，文学不是万能的，但一个民族，一个城市，没有自己的文学是万万不能的。说这样的话，在现在这个时际，有点自作多情。在汉语里，自作多情是个不好的词汇，但是今天晚上，因为喝了美酒，我也像岛田雅彦先生一样，大胆起来。其实自作多情也是个好词儿。因为今天参加演出的几个女孩子，我想到了音乐演出，要想达到演出的效果，许多时候是先需要自作多情的勇气的。有了这样一种情怀，才能

使我们相聚，排除各种干扰、各种困难，我们今晚才能很愉快地团聚在一起。文学，不管从哪儿出发，都是一样的。为了我们这个地球少一点、再少一点灾难，多一点、再多一点幸福，文学是值得我们坚守的。我代表我们一起来首尔的十五位作家（停顿，因为日文翻译后，韩文尚未翻译）——我刚才急切地要说话的心情，可证明今晚的美酒我是喝多了。中国人在祝酒时常会说，有许多剩下来的话都在酒里了——干杯。在此我要说一句：干杯！也借这个美好的机会，我们中国作家代表团有份小小的礼物，要送给大山财团文化委员会。谢谢——撒舍弥大（韩语谢谢的意思）！

回到酒店，已十点了，看了一会儿电视便入睡。

九月三十日 星期一

早餐后，在房间写日记；九点五十分到大厅等候，翻译小金已来了。人到齐后，一起下楼往右走不远，过街，再往回走，即言论会馆，想来即专用作开会的场所，为一大楼，上二十楼国际会场，即我们开会的地方。

十点开会，主持人为徐经锡教授，相继发言的有韩国组委会的委员长金禹昌，大山文化财团理事长慎昌宰，韩国文化艺术委员会委员长金正宽，还有一位是诗人高银。几个人发言，名堂各有不同。徐是主持人寒暄，金和慎也是寒暄，高则是正式的祝词。这些不同，在节目单上都一一标明。

十点三十分开始为第一场，即主题发言，韩国为柳宗浩，日本为井上厦，中国为铁凝。柳氏发言，铁凝发言，均收入发言集，多是照本宣科。井上的发言未印入，属即兴发言，谈了从事地下文学活动的三个人，分别为中国的鲁迅，韩国的金山，日本的一个叫朱原续的人。说到鲁迅一段很有意思。说鲁迅当年留学，系公费，要学医有三个国家可选择，一为现代医学的大本营德国，二为现代医学的新兴美国，三为医学的中转站日本。鲁迅在仙台医学专门学校读书时，是很苦的，没多少钱，嚼辣椒取暖。藤野是个脑神经专家，本身是个很古怪的人，常常手里拿一个黑色的人头骨骼，眼睛斜视，你以为他看那儿，实际上他在看这儿。这个人同情鲁迅，对鲁迅影响不小。

铁凝发言收入集子，题名《文学是灯——东西文学的经典与我的文学经历》。长了点，她念得流畅而急促，准时完毕。

十二点半午餐，就在离言论会馆不远的一个大型地下餐厅的一家店里，很丰盛。

两点返回言论会馆，同一时间有两场，第二场和第三场。第二场在二十层，即上午开会的地方；第三场在第十九层。我原想听十九层孙甘露的发言，小金说她要听她老师主持的这一场，即有莫言发言的第二场，已在十九层停下，又上到二十层。

听了一个小时，太无聊，小金说，我们可以出去转转。一同出来，小金提议到德寿宫，但她弄不清该往哪个方向走。我记得早上散步曾到过德寿宫门口，即大汉门，指了朝左的方向，小金问的人却说是右的方向，走了一段不对头，再问人，还是左方。

到了大汉门即德寿宫的正门，小金要买票，我拦住了，不贵，才一千韩元，合人民币五元多。里面似乎正在办什么艺术展，门票高达六千韩元。刚进去，听见一阵鼓乐声，原来门卫武士要举行什么仪式。上次来韩国，曾在景福宫看过这类仪式，小金似乎没见过，我们便留下驻足观看。守卫宫门的将士一律明代服饰，类似中国旧戏的戏装，只是花纹图饰不似戏装那么烦琐华丽，而要简洁古朴些。在这一点上，又有些清代官服的影子，比如袖口的边缘，宽大而颜色对比强烈，想来明代的将士服饰绝不会如此夸张。

门房外面放着介绍小册子，可随便拿取。我取了两个中文的。其中一个专门介绍宫门仪式。上面说，王宫守门将换岗仪式，是指守门将守卫宫殿的仪式。国王住的宫殿，称为禁内或禁宫。负责守卫王宫的军队称为禁军。宫城的中央设有守门将厅。据史料记载，朝鲜时代有宫门开关仪式、宫城侍卫仪式和行巡（巡逻）仪式等。如今的守门将换岗仪式，是将上述三种合为一体加以重现的。

往里走，就看到大殿了，正中匾额上大书三字“中和殿”，想来相当于北京故宫的太和殿。台基不是很高，单层，殿内的御座之高，与房间似乎不成比例。座庙后有“日月五岳”屏风，想来是说国王得日月之光明，五岳之灵气，或者五岳是当时朝鲜境内五山，即代表着朝鲜全境的山川。殿前的广场上，正对着殿门，该是跸道。两侧排列着石柱，上面分别刻着正一品、正二品、从一品、从二品等字样，该是朝拜官员站立位置的标志。看说明，这个建筑群，一九〇四年曾遭遇大火灾，多数是灾后当年重建。形制有所改变，比如中和殿原是双层，改建后为单层了。

中和殿后面的即阼堂和俊明堂，才是国王休息办公的地方。地板为木质，粗重，本色，殿堂不高，敦实厚重，想来居住在这里一定很舒服。不似中国的故宫，高大森严，感觉不是人居住的地方。房间有地下火道，供冬季取暖之用，烧火口就在宫殿墙下，火道通过全殿，出烟口则在殿后稍远处，专门修一装饰性建筑作为烟囱。除了美观的作用，应该还有防火的作用。宫殿几乎全为实木材料构成，若烟囱置于墙内，火星冒出酿成火灾就太可怕了。

即阼堂东侧，为静观轩，乃一西洋式建筑。小金说，这是一位俄国工程师设计修建的。介绍册上说，高宗曾在此饮用茶点，欣赏音乐，宴请外交官。称之为轩，也是因为没有墙壁，四面豁亮。回来看介绍册上说，用铜丝做的屋顶很有特色，可惜当时四面有栏杆围着，不让进去，也就无缘观赏了。

静观轩的东侧是个小花园，有石凳可歇息。我和小金坐下休息，面前是一片小松林。这儿的松树也怪，枝干弯曲偃卧，如同人工扭曲，斜刺里和顶端上，才是云朵状的松叶，如同一个硕大的盆景松。我说是不是这儿的松树就是这样的品种，小金说也靠人工修整。后来我去明洞商业街游玩时，果然见有人踩着梯子修剪松叶。

这儿也是王宫的北端，能看到一段长长的宫墙。也就一人高，很结实。想来国王坐在这儿休息时，如果他愿意，是可以跟外面耕作的农人说说话的。在韩国的这几天，常常感觉到人与自然的融洽交会。这样富有人情味的王宫，最能说明这一点。再想一下，在没有日本侵略的年代里，这个半岛上的王国，国王与臣民，人与自然，该是怎样的其乐融融！

言论会馆的发言结束，是六点十分。赶在五点半，我们又回到会场。正是王宏甲发言的那一场，题目是《我的中华文明观》。这题目太大了。他认为中国文化是圆形的，如太极图，无始无终，融合万物。中华文化的强大，是因为它有着极强的融合力。中日韩三国构成的东亚文明，属于同源的文化共同体。后来在讨论时，季红真对此表示了不同的意见。

这次的学术会议，韩方的安排很是周到，也委是正规。会议分场（相当于单元），一个上午或一个下午分两场，中间休息十分钟。会场里，相当于主席的位置，是一排桌子（蒙着桌布），可坐七人，每人面前放一麦克风，另有矿泉水与纸杯。从左边数（以台下人的视角)，先是主持人，再是韩日中三国的三个作家，同时是韩日中三个国家的讨论者，但这些讨论者，不一定正好三人分属三国，常是两个韩国人，一个日本人或中国人。这两种人虽同坐一排桌子，其身份是不同的。前面三个人，是宣讲人，他们叫“发表”，后面三人是讨论人，就叫“讨论”。待宣讲者讲后，在主持人的指令下，对宣讲人提出问题，让宣讲人回答。关于韩日中三国的排列顺序，主办方怕与会者不明白，何以将中国放在后面，曾两三次地讲过，这样的顺序是筹备时三方商定的，主办方放第一，下届主办方放第二，再下届主办方放第三，以后周而复始。

这样的座位次序，说句小人话，中国的宣讲者最沾光。连同主持人，共是七个人，无论哪一场，中国作家都是第四，也就是居中。按国内的习惯，等于中国作家场场都是主席。这自然是开玩笑。

晚餐不在那家地下餐厅吃了，今晚有活动，要去活动地用餐。六点二十几分，在言论会堂前乘车，两辆大巴，我和小金坐前面那辆。地点在南山，看地图得知南山在市中心区，离言论会堂不远，白天能看见山上的电视转播塔，形状很像上海的东方明珠。

顺着一条山坡往上行驶，不一会儿便看到“南山文学之家”字样，或许该项说是文学之村，实际上也是一个庭院落式饭店，有两层吧。先上去用餐。很丰盛，又吃多了。这种吃法，由不得就会吃多。一连几天，都是这种自助餐形式，种类甚多，尤其是一些韩国菜,做得很精致,见了不由得想夹一点。这也夹一点那也夹一点,待察觉不少时已然是很不少了,夹下就该吃完,明知不妥,也只能委屈肚子而照顾面子。

七点多,人们都下到院子里。草坪上摆着椅子,正对着山坡的一个凹处,山坡上有松树,还有些别的树,既不茂密,也不疏朗,可说疏密有致,宛若人工的精心设计。凹处的一侧,有彩灯照射,又有地灯相辅。坐在下面平平地看过去,这凹处便是一个精美的小舞台。背景是树丛,上面则是绿光掩映下的一种树的树冠,像是枫树,或许就是韩国的枫树吧。这儿的树,不管什么树似乎都是分层次的,精心修剪,如同盆景。

先是演唱,出场者是一位韩国很有名望的国乐家,在一种立式弦琴的伴奏下,这位仪态大方的女歌唱家,用低沉悠扬的调子,几乎是不歇气地唱了几分钟。

接下来是三国作家代表致辞。韩方是吴贞姬,身份是文化艺术委员会的副委员长,一个看去极为贤淑的上了年纪的韩国妇女。我就坐在她的旁边。那天在一和堂的欢迎晚宴上,我跟她也是同桌。据小金说,她的作品描写细腻,在韩国民间极受欢迎。日方致辞的是津岛佑子,讲话长了点。中方致辞的是雷抒雁,他接受前两位的教训,不谈文学,只从宴会的丰盛说起,风趣些,也轻松些。

又是国乐家的演唱。此人叫郑玛丽,据说是首尔一所大学的音乐教授，曾获得过多次重要的奖项，在韩国名气很大。

新增加的一个节目是傀儡戏，即木偶戏。因为场地的关系，不能在那个凹处了，改为饭店前的台阶，亮堂些也平整些。一个中年汉子，浑身黑衣，皮鞋黑亮，手提木偶出场，先是芭蕾舞女，在几十根细线的调动下，"她"几乎能做真人舞女的所有动作。身上各个关节，都能活动。弯膝，踢腿，左顾，右盼，旋转，腾跃，无一不毕肖真人。再一个本事是洋人大笑。笑声是麦克风发出的，但随着笑声（音乐），这位带点丑角相的西洋绅士，真是活泼极了，身体的腾挪自如不用说，最为神奇的是面部表情的丰富。就说眼睛吧，普通的木偶戏，眼珠会转动已了不起，而这位艺术家手下的这只木偶，不光眼珠会动，眼皮还会跳，看了不由称奇，不由得发笑。在大家的鼓掌要求下，艺术家又加演了一个节目。相比之下，还是那个洋人大笑更精彩些。

到了各国作家献艺的时间了。这期间穿插着赠书活动，韩国的一家名为世纪与什么的出版社，出版了好几位中国和日本作家的书。中国作家受赠书籍的有莫言、铁凝、苏童。莫言的作品在韩国广有影响，仅这家出版社就出了他两三种书。

三国作家都是唱歌，也都是多人合唱，这样气氛热烈些。四个日本作家上场，其中三个是北海道的，唱的是北海道的渔歌。那个叫岛田雅彦的中年人，唱得实在不错。有个高个子的年轻日本人，唱的过程中老是出洋相，也挺可爱的。还有个年轻作家，后来雷抒雁一直赞扬他,说他长得像个歌星。

轮到中国作家,先是苏童和几个日本女孩合唱了《甜蜜蜜》。他说他会唱许多歌,只是记不住词儿,一位日本朋友便为他招来几个女孩子伴唱。接下来孙甘露上场,这都是下面定好了的,他像是不愿意独唱,又叫来莫言和苏童,还嫌人少吧,又叫了我。我哪儿会唱歌,只是这种场合不能推辞,好在知道是合唱,能蒙混过去。孙先提议唱"文革"歌曲,都同意,他又觉得不妥,说那就《浏阳河》吧,几个人将歌词说了一遍,便大声唱了起来。下来杨晶说,她还为我照了相。

大约十点结束,回到酒店已十一点了。

十月一日　星期二

早餐后,该往言论会馆走了,我和雷抒雁走在后面,打的主意是等大队人马走了,我们便可开溜。多虑了。小金告诉我们,她得到指示,与会的中国作家,凡不发言的若觉得听会无聊,可领他们到市区转转。

明洞是首尔的商业区,据说堪比北京的王府井,老雷也有购物的任务,于是便一同前往明洞。小金也不熟悉路径,陪老雷的是个小姑娘,正上大一,也不熟悉。大致方向还是知道的。

沿着清溪川往东,再右拐,总算到了,实际上是绕了一个大弯子,若出酒店往右拐不用十分钟就可到。果然繁华,一家挨一家的店铺,不是卖化妆品,就是卖衣服。在一家化妆品商店里,小金向我推荐一种品牌的乳液,一瓶普通型的八千多元,稍高档点的一万两千多元。想想这种东西,反正是个不懂,淑娟告诉的那种品牌显然低了点,于是便要了六瓶普通型,四瓶稍高档点的,花了六万七千韩元。大概是我买的够多,售货小姐还送给我许多赠品,最有意思的是一种口红的手机挂饰,一盒四支。我问这玩意儿可买吗?小姐说你再买四万就送一个。我自然不会做这种蠢事。这儿的服务员,四个人中竟有两个是东北人。

在一家服装店,老雷看中一件休闲衫,未买,等出去后又想买,返回试了试,说"不像那么回事",最终放弃。他受托为朋友买一种乳液,还带了打印的样子,上次外出服务小姐说这种型号的不出产了,介绍另一种未买,今天也是遍寻不见,看来确实是不生产了。到十二点,该回去了,老雷在这一带住过,说十分钟即可到言论会馆,小金不放心,说还是打车,打上车果然过一条街即是言论会馆,又往前走了一段,将我们放在酒店门口。我和老雷放了东西,下来一起去吃饭。

下午四点有我的发言,三点多就去了。在言论会馆第二十层会议室,属本次会议的第八场,"故乡·国家·地域共同体·世界"论题的第三场。

座位次序如前,也即我在中间。主持人为朴裕河女士,韩国发言人为申京淑女士，日本发言人为星野智幸。三个讨论人为崔仁硕、安度眩、茅野裕城子。后一人为日本队女士。申京淑讲题为《没被书写的母亲的话语》，星野智幸的讲题为《寻求新的地域主义》。上一场延时，这一场开始时已四点二十分。准确的开始时间应是四点十分。每人十分钟，应当说两位的发言都很精彩，也都还守时。我的讲稿长些，事前日文翻译问怎样处理，我说以第一大节为主，若有时间，可讲一下最后一首诗。坐在讲席上，我的主意变了，还是即兴讲上七八分钟，剩下时间将第一大节念一下。反正与会者每人都有一册论文集，感兴趣的尽可以自己翻阅。

我的即兴讲话，实则在讲稿上打了个草稿，也可说是个详细的提纲。

讲话之后，是讨论者提问。茅野裕城子提了个非常机警的问题：韩先生自豪于自己可以用汉语写作，现在的汉语分简化字和繁体字，你对繁体字的感情如何，你思考问题时是用繁体还是用简体。主持人说给我五分钟的时间，我说两三分钟就行，因为这场是最后一场，我的发言又是最后一个，实在不愿意耽搁大家的时间了。

先说这是一个高水平的提问，它是文学的，又不完全是文学的，好在我不是官员，不代表一级政府，也不代表一级群众团体，我只代表我自己，谈一点个人的看法，也就没什么可顾忌的。我认为，简化汉字是新中国成立后，实行的众多社会文化措施中最欠妥的一种。我毫不掩饰我对简化字的反感。有些还说得过去，有些很是丑陋，最重要的是隔断了中国文化，也隔断了中国与周边国家和地区的联系，把自己孤立起来了。我期盼并相信，总有一天简化字会取消，原来的字会恢复。关于简化字易生歧义，我举了个例子。前两年来韩国，曾去三八线上看过，那儿有个瞭望台，台上有句标语叫"一了北韩"。原来应当写成瞭望的"瞭"字，因为中国的简化字，将"瞭"简化成了"了"。"一了北韩"，字面意思是北韩情景一望无际，全在眼前。但是请注意，这个"了"字还有"了断"的意思，那么这句话的另一重意思是什么，就不必说了。政权的对立，有这么大的仇恨可以理解，但是，人总应当有点悲悯情怀，对生活在北边的同胞，还是应当有相当的仁爱之心吧！

写下来要复杂些，实际我的回答也就两三分钟。主持人在最后发言中，还对我表示了感谢。两次发言，都没有超时。

六点，论坛结束后，下到言论会馆楼前，分乘三辆大巴，向汉江边进发，参加游览汉江的活动。专门包了一艘豪华游艇。整个游艇上，布置成宴会的形式，仍为自助餐。挑选好饭菜，端到自己的位置上享用，名签已摆好，寻找就是了。我在三号桌，同桌有韩国作家柳宗镐、吴贞姬，日本作家岛田雅彦、青山真治，中国作家还有许龙锡。大家边吃边欣赏汉江的夜景。约八点，船上朗诵会开始。

韩方为这次会议做了精心的准备，最能看出这一点的，是这个朗诵会。不光请了著名的歌手助兴，还印制了精美的手册，手册分别以韩、日、中三种文字，译了三国作家要朗诵的作品。即以中国作家朗诵的作品而论，有苏童朗诵的北岛诗作《据我所知》，许龙锡自己的诗作《心铸长城》，雷抒雁自己的诗作《小诗四首》，韩石山朗诵的闻一多诗作《心跳》，铁凝朗诵自己的短篇小说《蝴蝶发笑》中的一段。

前面日本作家的朗诵，占用了过多的时间。比如平出隆朗诵的《为了胡桃的战争》，系选自他的同名诗集，共有二十三节，即二十三首短小的散文诗。朗诵这样长的诗，本来就够沉闷的了，之后这位老兄大概意犹未尽，又要唱歌。到中国作家朗诵时，主持人特意强调，各位作家朗诵时读作品就行了，不必介绍作品的背景了。中国作家之后，还有韩国作家的朗诵。我感觉到，游船已靠了码头，大概为了拖延上岸的时间，又在汉江上兜了一个或两个圈子。此前游船一直在这一段江面上兜圈子，至少也是比往常多兜了一个圈子。

轮到我上场，我说，这是四十年前我上中学时背会的一首诗，现在全诗背不下来了，能背一半，我就把这一半背下来。后面的也不念了，这样可以节约一点时间。我背的半首诗是，从开头的“这灯光，这灯光照白了的四壁”，到“这四墙既隔不断战争的喧嚣，你有什么方法禁止我的心跳?”全诗名为《心跳》，落到这儿，也算是一种完整吧。

第二天有位中文翻译，就是前面说过的杨晶，说我有的字发音不准，我笑着说，平常自自然然的还没什么，一到这种场合，想让它更准确的时候就露馅了。

十月二日　星期三

昨天晚上游汉江回来，跟小金在酒店前分手时，小金问她明天什么时间来，我说，下午三点吧。按会议的安排，今天是自由活动，中日两国的代表可以游览首尔。会议上给每人发了二十万元韩币，作为全天餐费和交通费。会上的安排只有一项，就是晚上有个演出，现代歌剧《地铁一号线》，地点告诉了，票也发了（愿看去领票），届时自己去就是了。我和小金都说去看。

上午在酒店房间写日记。中午饭时，去外面原想吃一种街边小吃，又改主意，买了一纸袋烤板栗，三千韩元，回到酒店边吃边记日记，板栗也还香酥可口。

下午三点，小金来了，问去哪儿，我说还是去仁寺洞，听说那儿卖瓷器和高丽纸。小金对首尔也不很熟悉，知道不太远，乘地铁仅一站。出了地铁车厢，怎么也找不见五号出口，由一号出口出来，绕了一截才到仁寺洞。首尔的洞，实则为街区。

我来这儿的主要目的是买一对茶碗。一入住高丽雅娜大酒店，就注意到房间的茶碗很特别，豆青色，瓷质，下有一小托盘，碗形敦实，外镂空，上有盖，顶平。翻过来搁在桌上，可放取出的滤芯。我很是喜爱。曾试探性地问一女服务员，若失手打碎要赔多少钱。女服务员摇摇头，两手腕交叉在胸前，说了句什么，我知道那意思是不可以这样做。再就是听说高丽纸挺有名，也想买上些。

我们大约是从南边进入仁寺洞的，沿左侧的街道往前走，果然见有瓷器店、文物店，还有纸品店，有的一个店同时卖几种东西。先从南往北走了一遭，比较了几家茶碗的价钱，觉得有两家较为合适，一家是二万七千韩元一对，一家是三万五千韩元一对。还看中了一种铜制的风铃，两个铃的一万韩元，三个铃的一万三千韩元。高丽纸也看了，一种信笺甚精美，上面的花瓣、草穗，就是真正的花瓣、草穗，制作时混入纸浆粘上去的。

转到对面街上，商店稍大些，有一家写着中文什么堂的纸店，进去看了看又退出。再往前，又一家纸店，与前一家大小差不多，感觉却要好些。通过小金与店主对话，普通高丽纸五百韩元一张，问有好的没有，取出一种白的，又取出一种洒金的，还有一种稍暗些也是洒金的，每张都是二千韩元。两种洒金宣，各要了十张，白的要了二十张，共计八万韩元。信笺二千五百韩元，要了八沓，共二万韩元，合计十万韩元。店主另赠我十张半幅的宣纸。见有毛笔，取过一支问价，说四万韩元，又说，见我买纸甚多，可半价卖给。来一趟不容易，也是想看看韩国的毛笔究竟如何，当即买了。谢过，出门。

该买茶碗了。过到那边街面，找见一店，见了二万七千韩元的那种，再问之下，方知此价为一个茶碗的价钱。找见另一店，三万五千元为一对，且有纸盒包装，买之。又给皮皮买了一个三铃的风铃。

时间不早了，该吃晚饭了，往南走，见一家饭馆，有面食也有米饭，进去找座位坐下。小金说她要请我吃饭，我说哪能这样。让小金自个儿点，点了一种炒菜米饭，我点了冷面。端上来，发觉面条甚细而硬，有点像国内的粉条，味道还不错。米饭五千韩元，冷面四千韩元，我付了。

六点半，该去小剧场了。小金有行程表，知道在什么街上。打出租，五千韩元。小金原说下车要票，临下车匆忙又忘了。据她说，她可拿回去报销。往前走一截，拐进一个胡同，便见到那个剧场了。我们是最早到的。待了十几分钟，就有中国作家带着翻译来了。来看的人不多，中国作家有四五人，日本作家有六七人。

剧场门面不大，进去往下，再往下，感觉真是到了地铁底层。剧名《地铁一号线》，看中文剧情说明，知道写的是中国延边一年轻女子，与韩国一青年有过一夜情，怀了孕，便来到韩国汉城寻找这个情人。她只有“地铁588”一类含混地址，于是在汉城和清凉里之间的地铁里寻来寻去，见到了韩国社会底层形形色色的人物，有患上艾滋病的妓女，乞食的流浪汉，无奈的大学生，卖小吃的老妇人，等等。不管生活怎样窘迫，行为怎样邋遢，这些人都还显示了他们善良的一面，对他人充满关爱，对人生充满希望，至少也是充满着人生的活力。

在网上查看（写日记时），知道截至十月二十九日，此剧在韩国已演出三千场。中文翻译剧名为《地铁一号线》。此剧原为德国剧作家所作，为音乐剧。共十一名演员，演出八十多名剧中人物。原剧所写系东德少女与西德青年罗基相爱，跟随他来到柏林，改编的剧中这一情节换成延边女子怀着孩子，来汉城寻找曾发生一夜情的孩子父亲。除此之外，两部作品没有一点相似之处。韩版的《地铁一号线》，可说是上世纪九十年代汉城的一幅真实自画像。

看完已是十点。从夹道出来时，演员（有的已卸妆）站在贴街处欢送，一个个都很热情，都很真诚。想来这也是他们多年的规矩。这个剧场，其布景设置，大概多年来只演这一出音乐剧。一层一层地上来，我注意到，这个剧场实际上在一个地下停车场的下边。于此也可见，首尔对空间利用的精细。

大山文化财团派车在外面接我们回酒店。与小金在酒店前分了手。

十月三日　星期四

按会议的安排，今天乘火车去春川市，开始这个论坛活动的第二项内容。这项内容另有名堂，叫“相遇在语言里的亚细亚作家们”，时间为三日、四日两天，五日离开春川前往仁川机场回国。

早餐后上大巴，带上各自的行李，前往清凉里火车站（就是昨天晚上看的《地铁一号线》中提到的清凉里）。这个火车站有多层台阶，提着行李箱上去很是吃力。另有电梯，只给残障人士用，雷抒雁等几人过去又返回来，说电梯极小，又慢，等的人多，还不如爬台阶。到了站里，似乎没有联系好，一会儿在这儿排队，一会儿又让下去，最后总算联系通了，没有下去。春川来接我们的，有几个小伙子，身手矫健，那些硕大的行李箱，他们传递着越过护栏，又送上火车。

春川在韩国东部，临海，是个很美丽的地方。这地方在上世纪三十年代，出了一位著名的作家，叫金裕贞，今年是他诞生一百周年。因此春川的活动，同时也是纪念金裕贞一百周年诞辰。看时间表，我们在火车上坐了不到俩小时，就到了春川，时间为九点十五分至十一点零八分。过去叫春川站，现在叫金裕贞站。据说这是韩国第一个以人名命名的火车站。韩国不叫站，而叫驿，即金裕贞驿。

在火车上韩方给我们每人发了两份材料，一份是《金裕贞的人生和他的文学世界》，一份是金裕贞的短篇小说《春天，春天》。金氏生于一九〇八年，卒于一九三七年，出身名门富豪家庭，八兄妹中排行第七，又是两兄弟中的老幺。七岁丧母，九岁丧父，其兄长当家，家境开始败落。兄长性情粗暴，不务正业，金氏寄居在他的一个姐姐家中。金氏从小患有口吃病，后来又得了厌人症。二十一岁时患痔疮，二十二岁时患肋膜炎，二十五岁时患肺结核。爱情亦极不顺利，两次遭到严拒，打击甚大。正是这样坎坷的人生经历，激起了他狂热的创作激情。肺结核晚期，一边咯着血，一边坚持写小说。虽只活了二十九岁，却写下了三十篇小说、十二篇随笔，还翻译了两篇外国小说。他的小说，多取材于他生活的乡村，写出了乡民们生活的贫困与绝望，也写出了他们的坚韧与刚强，是现实主义的佳作，也有现代派的诡谲。其语言则完全是口语化的，很少使用书面语。在他的笔下，文字是记录声音而使用的符号，读来好像一个健谈的乡下人在侃侃而谈。这种语言的奇妙处在于，让人们重新体验那已经被遗忘的过去的淳朴岁月，同时也可以在这里找到真正的人间生活。金裕贞作品的意义，越来越得到人们的认知。

短篇小说《春天，春天》是金裕贞的代表作，一万字的样子。故事并不复杂，情节的推进却非常有趣。一个年轻男子，招赘到一个农家，相当于“童养男”，丈人只让他劳动，却不让他接近未婚妻，更不提成婚的事。连他的未婚妻对此也不满意，责怪他不该如此没有出息。待到他真正起来反抗，丈人对他更不客气，他一怒之下，竟打了丈人。丈人实际上心肠并不坏，也知道自己做过了头，被打之后答应明年成婚，这时未婚妻又冲过来责怪他不该动手。这篇小说,整体诙谐机智,既是当时乡村风俗的真实描写,也是青年男女情感的真诚歌唱。据说此篇入选了韩国的中学课本。

在金裕贞火车站外面,中日作家与韩国作家合影。在首尔开会的韩国作家,只来了朴宰雨等两三人,其余均为春川市的作家。因为时间紧张,要游览南怡岛,不能去酒店了,便乘车直接去南怡岛码头。等了不长时间,乘轮渡上了岛。

据介绍,南怡岛在首尔东,沿汉江行六十三公里即是,应是汉江中的一个岛,总面积四十六万平方米,沿线周长五公里。朝鲜时期,有位英勇的将军名叫南怡,因忠诚正直,被奸臣诬陷牺牲,埋葬于此。一九六五年,韩国银行总裁闵丙涛先生来此主持开发,并亲手栽下了数千株树木。这里原来只是一般的陆地,只有雨季才会形成岛屿。之后建了清平湖堤坝,才成了永久的岛屿。现在这里成为旅游胜地,每天都有国内外的游客来游览。

在金裕贞车站,春川方面就为我们每人配了一位韩语翻译。我的翻译有个中文名,叫李紫涵。给我们配的翻译,都是春川翰林大学中文系的学生。

我和小李,还有雷抒雁和他的翻译几个人一起游玩,同时也向一个地方集中。翻译知道,我们不知道。终于到了岛上的一个饭店,在露天处摆着许多桌椅,我和老雷坐在一起,翻译另有桌子安排。吃的是韩国有名的石锅饭,真的是石头凿的锅,有一个大碗那么大,在炭火上烤,里面的米和菜混在一起,搅拌后就可以吃了,很香的。

饭后,就在吃饭的地方,有一侧摆了张桌子,摊开一沓宣纸,请客人写字。先是“南怡岛共和国”的经理,一位书法家,写了“南怡岛”三字,草书,极大,还是倒书,即要站在他的对面,才能看出他写的是什么字。所谓“南怡岛共和国”,是我们上岛时春川市接待者讲的,实际不过是个风景游览区。我们先是围在一边看,莫言对我说:“写张吧,震他一下!”我不想写,又架不住同行者的鼓动,便濡笔写了“南怡风光”四字,实则不成句子,字亦不佳。用的是那位经理用过的笔,笔锋太长,全乱了。接下来莫言换了一支小些的笔,写了“胜境”两个大字,且有一段跋语:戊子金秋,四国作家聚集南怡岛云云。妙处在于“四国作家”,即将“南怡岛共和国”也算一方。接下来雷抒雁写了一幅,还给他的翻译姑娘写了一幅。老雷的字是不错的。我本想重写,又想,莫言和抒雁都是副团长,他俩写了,我就不必再逞能了。再说,重写也未必就能写好。这次丢人,可是丢到九州之外了。

从吃饭处返回码头的路上,照了几张相。有一处立着几个石人,像是中国墓葬里的鼓乐俑,当然形制要大得多,面容憨厚可爱,动作滑稽夸张。上次来韩国,在济洲岛上见过的土地爷、土地奶,与此石像仿佛。我在其中一个后面站定,请翻译李紫涵为我照了张相,在这样一个环境中,脸上也带了些滑稽的笑容。

一路上相陪伴,经交谈,对紫涵姑娘也有了些了解。她是春川市翰林大学中文系的学生,读大二,父亲是韩国国防军的军官,收入还不错,这样就用不着她母亲出去工作了。紫涵说,她有个男朋友,是中国陕西来韩国的留学生,在翰林大学中文系读书,比她高一个年级。她的这个中文名字,就是男朋友帮她起的。紫涵是个娇小可爱的姑娘。

偏过岛中心,快到码头时,有个类似展览馆的建筑,里面空荡荡的,有一些少年儿童在游玩。我们随意地进去,像是在展出一些书籍,又像是在搞捐书活动,连紫涵也说不明白。看到的状况是,有成千上万的精装书(或许平装书)摞成一个巨大的金字塔,另一处贴墙的,摞得又高又整齐。想来是昭示什么吧。

正是游人离开南怡岛的时候,等候坐轮渡的人排了长长的队。春川方面的接待人员,像是跟岛上的管理人员说好了,让我们径直到江边上了一艘渡船,很快便到了对岸。来时乘的大巴在原处等着,各自上了车,前往金裕贞文学村"移动"——这是行程表上的用语。

大约下午五点钟,到了金裕贞文学村。是金生前居住的村子,也就是他的故乡。韩国这一带的农村,似乎不像中国华北一带的村子,聚族而居,鳞次栉比,有点像江南的村子,家家户户疏疏落落地散布在不大的一片土地上。或许是我没有留意连在一起的房舍,反正是下了大巴,说是到了金裕贞的故里,没走多远,就看见一处房舍，前面有几十个小学生，站成一排吹打着乐器，似乎还在喊着“欢迎”之类的口号。我们只是招招手，就在当地人员的带领下，进了金裕贞家的院子。没有院门，上了一个不高的台阶，就进了房间，厚实的木地板，已磨得泛起乌亮的光。是孙甘露还是谁对我说，这是后建的吧，我因看过首尔德寿宫里朝鲜国王的寝宫，知道这样的居室是相当讲究的，便说，怕不会是后建的，这该是富裕人家的房子。一行人分坐在两个房间，脱了鞋，席地而坐。不一会儿，有人端上茶来。瓷碗，中等大小，用木盘托着，弯着腰一一送上。喝了一口，加了蜂蜜，我血糖高，想不喝，一想这样的场合推辞不好，还是全喝了。

我坐的位置在大房间的西头，身后是一个门，门里放着一个旧缝纫机头，可我想，韩国人跟日本人一样，家里没有高桌矮凳，这个缝纫机当是以手转动，那就是个缝纫机而不能说是缝纫机头了。应为金家的故物。最让我感兴趣的是，这座房子乃依山而建，这个小门外面，不足二尺远就是山坡，这二尺远的地方，当是排洪水之用。屋后的山坡，长着树木也长着花草，正好有几朵小小的野菊花，开着白的花、黄的花，稀稀疏疏的样子，别有一种胜似人工的野趣。忍不住取出相机，拍了两张。

喝了茶水出来，坐在院子里休息。院子不大，进门的地方有金裕贞的塑像：高高的底座上，站着一个身穿韩服的年轻人。实在是太年轻了，感觉像个中学生。塑像后面，便是金裕贞纪念馆。

这会儿没去，后来到对面场子里开会，坐久了出来找厕所，李锦琦说纪念馆里有，上过厕所，趁便去馆里转了转。新建的，不大，布置也无大特色，不过是几个柜子里陈列着金氏各个时期的出版物。总是太年轻，著作量不大，展出的书籍不能说丰富。对于一个一生只写过三十几个短篇小说的人来说，就叫够多的了。

五点开始，便是到春川后的第一次正式活动，名为“金裕贞文学之夜”。会场就在金氏故居对面一个院子里。这个院子很大，没什么房舍，场地很宽敞，南边是个舞台。整个院子的格局，有点像我老家晋南乡间的戏场子。平时没什么用处，剧团来了在这儿演出，当然也可以用来开群众大会。我们进去时，舞台已布置好，上面的会标是“相遇在语言里的亚细亚作家们”。

这个舞台很别致，正面跟中国乡村舞台没什么不同，别致的是两边，各是一个带皮的松木板围起来的圆树桩，直径当在两米左右。两边大致相当，上面是一根长长的横梁。“圆树桩”上，各伸出一个长长的“树杈”，托住横梁。这杈儿，一个长点，一个短点，给人感觉是不太协调，而那别致劲儿也就出来了。好像是随便找了两个“圆树桩”，上面天然地带了一个杈儿，正好做托梁之用。

看似简单，实则一切现代化的光电设备应有尽有。就在舞台的东侧，临时搭了座木板房子，里面摆满了电子设备。舞台两侧各有一个大屏幕，台上谁讲话或表演什么，都可以通过大屏幕看得清清楚楚。实则没有这个必要,我们就坐在场子里,正对着舞台,要看屏幕反而要扭过脸去。

先是韩方的主持人讲话,声音很洪亮。下来是中日两国代表讲话,日方是岛田雅彦,中方是铁凝,而上去的是莫言。铁凝说主办方弄错了。想来是的,要不莫言不会上去。就是这次讲话,我发现莫言很有即席演讲的才能,不疾不缓,从容利落,还那样得体。连孙甘露都不由得赞叹:没想到莫言讲得这么好,这是大本事!

接下来是节目演出。其中两个节目是儿童演的,就是在金裕贞家门口欢迎我们的孩子,当时还奇怪,怎么有的孩子化了妆,有的不化妆。另有年轻妇女的一个节目。最有趣的还是一个中年男子演出的哑剧,许龙锡说,演的是金裕贞小说《春天,春天》。他一说,我也看懂了。

接下来是大会发言。韩中日各出两个作家,另有韩国一青年评论家发言。日方是平野启一郎、川村正典,中方是莫言和许龙锡。

事先没有限制时间,韩国作家发言时,天色就暗了下来,起了风。从中午十二点吃了点饭到现在,六七个小时了,又饿又冷,真有点受不住了。我穿的夹克是毛料的,尚且招架不住,几位女士衣服单薄,可想而知。铁凝是团长,在这方面还是很有修养的,她一直坐在台下,静静地听台上的发言。唯一的变化只是她坐的第一排没什么人了(原来多是韩方人员)。她后来坐到第二排,跟孙惠芬、季红真几个女团员坐到一起。

大概八点吧发言才完。接下来的一个节目是按压手印。这是此行最为特别的一项活动。韩方主持人、金裕贞文学村的事务局长说，一下子接待这么多中日韩三国的作家，对金裕贞文学村来说，是一次难得的机会，特别预备了压手印的泥，请各位作家压下自己的手印，并用竹签在旁边写上自己的名字，将来烧制成陶件，永久保存。

此前，已在舞台下摆了一排单桌，放上各位作家的名牌，每个名牌后面，放着十六开纸大小、两厘米厚的一块泥，上面用塑料纸护着(保持水分不让干了)，旁边放着一根竹签子。与之一并排的，还有一张纸，上面印着该名牌的作家的头像，还要在这张纸上签上自己的名字。各人站定，压手印开始。可能有的泥块干了些，怎么也压不清楚。我的一块不干不湿，右手摊开，左手按在右手上使劲摁了几下，一个清晰的手印就出来了。递过相机，让紫涵姑娘为我照了相。王宏甲说他的相机没电了，让紫涵姑娘也为他照了相。回到国内，第二天就把照片给宏甲发了过去。

会场的一侧还摆着一个泥胎的大花瓶，有一米高，搁在一个桌子上。主持人说，这是金裕贞后人准备的，请各位作家在上面用毛笔签上自己的名字，金氏后人要烧制成瓷瓶留作纪念。大家陆续也都签了名。

晚餐开始。开会后期压手印的时候，就看见院子西边正忙着准备晚餐，烧烤的香味随着夜风一阵阵飘来。自助形式。除了几种韩国冷热菜外，主要是烤肉，又分两种，猪肉和鸡肉，都是在一种铁鏊子上烧烤而成。有先做好的，也可以去烧烤摊子上等现做的。与以往不同处在于，今天准备了韩国酒。我和李锦琦坐在一起，还有日本翻译徐曼，系中国人，喝了两三瓶。韩国不产粮食酒，所有白酒都是酒精勾兑而成，相当于中国白酒的三十度吧。在国内喝惯了白酒的，只能说略有酒意而已。因为不是粮食做的，也就没有粮食酒的香醇，只是单纯的酒味，喝多了也会醉的。后来我和日本作家岛田雅彦也干了一杯，又单独与李锦琦干了几杯——实际没有杯子，只是用瓶子轻轻碰一下而已。到后来竟有两分醉意，也是又冷又饿，精神不济吧。好在不多一会儿，就离开会场回到宾馆。时间当在十一点左右。

第二天路上，据李敬泽说，大家吃烧烤时，村里有几拨在舞台上跳舞唱歌的，有个女人唱得好极了。可惜都沉浸在吃喝中，没几个人认真听。

第二天早上起来，才发现我们住的宾馆在山上，景色很美。

十月四日　星期五

按会议安排，今天上午除了另有任务者外，中日两国作家的上午时间自由支配。昨天晚上与紫涵姑娘分手时，就与她约好，今天上午十点在宾馆门口见面,一起去市内游玩。昨晚太累,又喝了些酒,早上起来就九点多了,洗漱后出来便见了紫涵姑娘。正好许龙锡与他的翻译也要去市内,我们便相随前往。

路上紫涵问我,昨天晚上学会的那句韩语还会说吗?这才想起,昨晚吃烧烤喝酒时,曾向紫涵请教过一句韩语。想想说了一句,紫涵说不准确;又说,昨晚喝了酒你说得挺准确的呀。让紫涵重教一次,这才说准了。怕再忘了,让紫涵写下来。身上没有纸片,只有装名片的半截信封,便递了过去。紫涵站在路边,先写了韩文,又写了中文:我爱你(画了一个心形)。我说,再用中文注上音吧,紫涵又注了:洒朗海哟。这下学会了,马上向紫涵说:洒朗海哟!紫涵真是个解风情的姑娘,听了马上嫣然一笑,还真有徐志摩诗里说的,那么一种不胜凉风的娇羞。

下了一个大坡,便是江原道政府,看那规模不比中国内地一个县政府的办公楼大,但它的格局,尤其是那份雅致与澹定,则是任何一个中国内地的县政府无法比拟的。正是上班时分,基本上看不到人进人出、车辆往来,显得特别清静而肃穆。衙门就应当是这样子。而我们,不管是县政府还是省政府(我家离省政府不远),什么时候都跟赶集似的,人来人往不断头,车进车出不断流。

往前走,是江原道的报社。再往前走,就进入市区了。宾馆也在市区,我们要去的是商业区。紫涵是春川人,对这一带很熟,先是领我们到一个地下商场,大都未开门营业。在一家超市,老许买了许多塑料水果，说他将要搬入新居，买些塑料水果摆起来增添喜庆气氛。出来在一条街上闲逛，见有卖韩国人吃饭用的铁勺铁筷子。在韩国几天，吃饭大都用铁筷子，我有个感觉，就是铁筷子干净，比竹筷子要好些，我想该买上几双回去用。见一小铺门外的纸箱里有筷子和长柄勺，一套两个一千韩元，买了十套。又往前走，进一鞋店，老许买了双皮鞋五万韩币，合三百多元人民币，在国内也是这个价儿。他脚上的皮鞋底快磨透了，买了新的立马就穿上，旧鞋托鞋店处理掉。又往前走，见一擦鞋的小屋，花两千韩元上了鞋油。

往回走的路上，见了孙甘露、季红真，他俩找见纸店，各买了一卷高丽纸。过了江原道政府，要上坡时一辆大巴过来，紫涵认出是昨天拉我们的那辆车，司机也认出我们停了下来。几个人上了车，开往宾馆。原来这车是来接我们去吃饭的。

吃饭的地方在市内，感觉还是走了一段路。这是个纯韩式的饭馆，相当宽大。韩方主持人说，每人可以和自己的翻译坐在一起。事实上不太可能，翻译都是翰林大学汉语专业的学生，没事时自己先凑成一堆儿，且是吃饭，跟前有个女孩子并不方便。这样一来，基本上还是各国作家各自在一起，翻译们自己在一起。饭菜还丰盛。吃饭中间，韩方有多人讲话，表示欢迎而已。我坐的位置，对面墙上有个条幅，框子挂着，文字是：爱敬老梅如古士，护持新荀似婴儿。意思挺好，想记下来有笔无纸，扯了个筷子套儿抄在上面。

饭后上车，去翰林大学，参加在春川的第二个文学活动。地点在翰林大学的国际会议厅。

这是一所私立大学，紫涵姑娘路上告诉我，春川另有春川大学为公立大学。不过，这所私立大学名声还好，教学质量也还可以。近年来有中国大陆的学生，主要是东北地区的学生来这里留学。费用不低，每学年五万元人民币。闲聊中知道，紫涵是个很聪明的姑娘，说她将来愿意跟上男朋友到中国去，就怕适应不了中国的生活。我问她，父母会同意她远嫁中国吗？她说父母愿意她的男朋友留在韩国不回去。我说那敢情好，等于收了个中国的儿子了。

翰林大学的国际会议厅，就在校门口里侧，建筑不大，但很精致。无论建筑，还是布置，在韩国都可以感到一种精致之美。外边是过道，有报刊处、饮水处，再一进门，便是报告厅。基本是圆形，正面有电子屏幕、主席台，中间是个小小的圆形场地。环绕这个场地，有三圈桌椅，逐圈升高。发言者已按名牌在第一排就座。主席台的位置上，坐着几个韩方的负责人士。

两点整，会议开始。韩方主持会议的叫金桑古（译音），职务是推进委员长。按会议册上的安排，接下来发言的应当是春川市长李匡俊（译音），实际到场的是文化旅游局的局长，名字失记。讲话的大意是，市长先生有临时公务不能来，他代表市长欢迎三国作家的到来,又介绍了春川市的大致情况。中国和日本的作家代表发言,很简短,都是客气话。中国代表是铁凝,虽短,极为得体。

接下来是小型化装演出。我和许龙锡一开始就坐在二层偏南的位置,这时铁凝和雷抒雁过来,坐在我们这儿。我正好跟铁凝挨着,取出相机,让许给我们三人照了相,铁凝在中间,一边是老雷,一边是我。老许照罢,将相机给我,铁凝拿过去看了,正好有一张是铁凝正在看着我,铁凝开玩笑说:“我是多么欣赏地看着你!”

化装演出的准备颇费事儿。我们都戴着耳机,听介绍,知道演出的是金裕贞的《春天,春天》,会议册上说是“韩国传统民曲”。改编者也是演出者,为春川著名民间艺人朴宋姬女士,此人已八十二岁,是春川当年著名的清唱女演员朴绿珠的弟子。据说,金裕贞二十一岁时爱上了朴绿珠,曾给她写过大量情书,而这位女演员却未有只字回复。现在由这位女演员的弟子来主演《春天,春天》,也算是对痴情作家的一个迟到的补偿吧。

由这次的介绍,还知道了一个重要情节,就是金裕贞一生虽说只写了三十篇小说、十二篇随笔,还翻译了两篇外国小说,即使这么少的作品数量,也并非全部在他生前发表,他生前仅发表了三五篇,并未引起人们的关注。他死后,他的朋友带着他的手稿远赴他国(日本?),他家人一再追索却无功而返。直到上世纪九十年代,这些手稿才回到韩国,得以整理发表,很快风靡韩国文坛。人们才认识了这位光复前韩国文坛上才华横溢的青年作家。(附注:这篇日记是我回国后补写的,时间已在十一月中旬,正补写到这儿,看到十一月十五日的《文艺报》上有篇《读金裕贞,想到了钟理和》,署名江湖,疑心是胡军或江胜信所写,顺便采用了文中的一些记述。)

说到朴宋姬领衔主演,实际上她只是领唱了主题歌,真正演绎《春天,春天》故事情节的,是其他年轻演员。小说中,男主人公的矛头所指是他的岳父,而这戏里与男主人公闹纠纷的,却是一位中年妇女,像是岳母。我问许龙锡是怎么回事,许说大概按小说中的情节,两个男人闹纠纷不好看,换成一男一女有情趣些。老许的解释是有道理的。

演出结束,会议发言正式开始。分两个单元,即两个时段,第一时段为两点四十分到四点四十分,第二时段为四点五十分到六点五十分,中间休息十分钟。每个时段的发言都有主题,发言者和讨论者都是早就定好了的。筹备会议时,就跟中方和日方协商好了,第一时段的主题是"故乡和地区",发言者(韩国称发题者)是韩国的申彭舜(译音)、日本的川村正典、中国的莫言。另有一韩国作家为主持人,他们叫"司会"。

这位韩国作家是一位文化学者,年龄当在六十岁开外,他的讲话是一篇文章,已译成汉语发给我们。主旨是韩国文化的独立品格，自外于中国文化，有自己独特的发展脉络。比如他说，韩国人是怎样来的，说是很早以前，远古的时候，初人或原人由欧洲向东迁徙，到了如今的外蒙古一带。一支南下，成了中国人，一支继续往东，到了满洲停了下来，再往东便到了朝鲜半岛。此一朝鲜人起源说的奥妙在于，一方面说明朝鲜人和中国人没有任何人种上的渊源；一方面说明满洲即中国的东北，是朝鲜人的祖先开发出来的。对这一起源说，我听了只觉得荒唐，又多少有点悲哀，同时更加体会到韩国文化人的文化自卑心理。一个面积不大、人口不多的国家，处于中日俄三个大国的夹缝中，要生存，要显示自己独特的存在，先要摆脱历史上有过的附从的阴影，这是多么的艰难、多么的尴尬啊。

莫言的发言，主要谈他对金裕贞其人其作品的看法。说他只是在决定要开这次会之后，才在国内读了金裕贞的几篇小说和介绍文章。他为金裕贞的身世感叹。金裕贞病重的时候，给他的朋友写信，要借一万韩元，打算买三十只母鸡，陆续炖了补养身体，朋友没有回信，很有可能没有借给他，不久金裕贞就去世了。像金裕贞这样才华横溢而命运多舛的作家，东方各国似乎都有。前些年他在日本的伊豆半岛，曾拜谒过梶井基次郎的墓地，梶井也是一个不可多得的少年天才，写过一部著名的小说《柠檬》，不久就吐血而亡。他和金裕贞是同时代的人。后来在北海道的札幌市，看到一个青年诗人的雕像，二十多岁就因肺结核去世了，雕像的基座上镌刻着他的诗句："秋天的夜晚，清冷的小巷，飘散着烤玉米的香气。"以生存的年限论，他是金裕贞的同时代人。他们都是出身贫困，富有才华，多愁善感，也都是得了肺结核，无钱医治，最后吐血而死。这么多令人伤感的东西，全集中在一起，似乎形成了那个时代文学的一个特质。

中方的讨论者是李敬泽，没有对发言者提问题，只是谈了一些对这一话题的看法。

第二时段的主题是"家族和邻居"。发言者中，日本作家是岛田雅彦，中国作家是孙惠芬；讨论者中，日本作家是平出隆，中国作家是季红真。发言者和讨论者中，也各有一个韩国作家。另有一个韩国作家为司会。

这时会场上的人已不太多了。好几个中国作家都上街买东西去了。铁凝和雷抒雁走了，过了一会儿，许龙锡也走了。明天就要回国，有的是抓紧时间去市内买点东西，有的是昨天晚上没睡好，回去休息了。去市面上购物的几位中，有两三位是去买高丽纸，这是我挑起的。在首尔，我买了高丽纸和信笺，他们知道后想买已来不及了，只有在春川补上。后来见他们真的买了高丽纸回来。

我仍坐在会场上。走的人越多，后面的就越不能走了。我也没打算走。毕竟有中国作家在发言，台下坐几个中国作家，面子上总要好看些。散了会，孙惠芬对我说，感谢您一直在会场坐着。

我说不算什么，出了门总得互相照应着嘛。

会议进行中，除了法定的两个单元之间的十分钟休息外，为了透透气，振作一下精神，我也出去过两次（座位离门口不远）。在门厅里，有铁凝和雷抒雁的小幅广告画，看上面的韩文大致能明白，今天上午他俩曾来翰林大学活动，不在一起，各有各的讲题。铁凝的讲题是《不下雨的都市》，地点在国际会议厅二层，形式是跟大学生对话。老雷的讲题是《慈悲者的根性》，地点在国际会议厅二层另一室，形式是跟高等部学生对话。韩国的高等部，相当于中国的高中。

七点结束，在门厅给与会者发一种记事本做纪念，紫涵姑娘为我领了一个。坐上大巴，去市内某饭店用餐。这个饭店，较中午吃饭的饭店档次要高些，饭食也讲究些。凡是遇到这种事，我尽量跟许龙锡在一起，雷抒雁似乎也是这个主意。龙锡兄是朝鲜族人，会韩语，在一起诸事都方便些。全团十五人中，数我们三人年纪最大，排列下来，老大雷抒雁六十六岁，老二韩石山六十一岁，老三许龙锡五十八岁。龙锡是个热心人，也愿意时常有人请教寻求帮助。

这儿吃饭，席地而坐。地上有矮几，像国内的茶几，要矮许多，离地也就十厘米。先已摆好泡菜等小零食，坐定后再上主食，还有一种米酒，稠稠的，老许说是糯米酒。我们这一席（两人）旁边是铁凝和小阎。刚坐下，铁凝就双腿撇在一边，待了一会儿，小阎拿来两个围裙样子的东西，两人系在脖子上，垂下来盖住了腹部。我这才明白，铁凝起初为何双腿并拢撇向一边了。小阎真是聪明能干的女孩子，同时说明这个饭店对这类事早有考虑。

这个晚餐，是在春川最后的一次正餐，发给我们的时间表上标明是“欢送晚餐”。春川方面主持人讲了话，最后特别申明，晚餐过后，在市内某歌厅有告别晚会，愿意去的朋友可去。

老雷没去，我和老许还是跟上大伙儿去了。日本作家似乎也都去了。歌厅的设施，较国内同类设施要落后些，电视是个十几英寸的小电视，只能在跟前看着上面的文字。好在没人认识韩文，也就不用看电视。日本作家活跃些，有个叫青山真治的日本作家，年轻人，也就四十岁的样子，一手擎着瓶啤酒，边唱边喝，唱到高兴处，放下酒瓶，脱去身上的套头衫，裸露着膀子扭动起来。唱卡拉 OK 的，还有平出隆等人。韩国朋友邀请中国作家出节目，铁凝和莫言合伙唱了个《刘海砍樵》，全体中国作家一起唱了首《我和你》。接下来是韩国作家出节目。后来又轮到中国作家了，不知谁出的主意，说李敬泽唱得好，敬泽也不客气，上去清了清嗓子，竟唱了首《阿里郎》。据说这是最为著名的朝鲜民歌，其地位颇似中国的《茉莉花》。好几个人都惊奇敬泽何以有这样的本事，待下来坐定，我问敬泽，敬泽淡淡地说：“我前妻是朝鲜族人。”开口就是“我前妻”，多有经历，真让我挢舌难下。

约莫到了十一点结束，乘车返回宾馆。走过庭院，要进楼内了，徐曼说中国作家要开会呢，我说不会吧，刚落音就听见李锦琦在后面说：中国作家到这边来。就在宾馆楼的左侧，有个台阶，宽宽的，摆着两张桌子，散乱地放着几把椅子，想来是让客人临时休息用的。旁边就是一楼的另一个入口，里面是餐厅。

人聚齐了。铁凝说，明天就要回国了，没时间了，耽搁大家一会儿休息时间，开个总结会。接下来说大家怎样遵守纪律，互相关照，胜利地完成这次出访任务。让大家都谈谈。李锦琦说两个团长很辛苦，考虑很仔细，在南怡岛上，莫言和老雷的题字都很得体。正说着，雷抒雁在三楼探出脑袋，说我在这儿呢。他没有去歌厅，直接回了宾馆，已睡下，听见大家说话方知在开会，过了一会儿便穿衣下来了。

来了总得说说，轮到我，我说莫言的几次讲话见水平，很是不错。说完才发觉，话不该这么说，这时铁凝和老雷都有即席讲话，也都不错呀。苏童说，希望下次去日本，我们这些人一起去。这时我又说了句错话。我说，从南怡岛回来，我跟朴宰雨坐在一起，朴教授说，中国作家很奇怪，这次来的是这几个人，再次来的是另外几个人，每次都不一样，交不成朋友。我说中国作家出来带有旅游的意思。铁凝说，老韩你说错了，我们这么辛苦怎么说是旅游呢！我知道说错了，不再吭声。老许说，他也遇到这样的提问，他的回答是，中国太大了，作家太多了，大家都想来，只能是这次来几个，下次就别来了。还是老许聪明。

结束后,上去又跟老雷坐了坐。回到我的房间,洗澡后睡觉当在十二点钟。

十月五日　星期六

早上起来,洗漱后先整理行李箱。会议文件太多,光在首尔的论文集子就厚厚的两大册。放在箱子里太占地方,只好放在一个手提袋里。在仁寺洞买的两个茶碗,怕碰破了,只能放在挎包里,这样就三件了。再压压,还是将文件连同手提袋,放进旅行箱里了。

吃过早饭,还有时间,在院里小憩。正赶上今天有家结婚的,送的花篮摆放在楼前的草坪上,桌椅也都摆开了,像是会餐用的,路数跟中国差不了多少。也有收礼的桌子。我过去看看,有上十万的,也有上二十万的。按一美金合一千韩元算,二十万相当于二百美金,合人民币一千四百元。实际比这个数要少,一美元约合一千二百韩元。

老雷和孙甘露坐在旁边的椅子上聊天,我也过去。一会儿孙甘露走了,我也要走,老雷说急什么,坐会儿吧。老雷说,他们下来得早,还送了日本朋友。就是多坐了这么一会儿,没有回去检点东西,回到国内才发现,倒腾箱子时将一件新衬衣和一件毛背心,丢在房间的床上了。

约十点，上车去机场。路上，锦琦给大家发了纪念品，一个纸盒，春川方面给的，谁也不知道是什么，敬泽说，可能是玉器吧。到了机场，我打开一看，是两个瓷茶杯，没盖儿。上部浅绿色，有“玉家山”字样，下部是纯白的，造型小巧精致，大概是春川地方特产吧。

路上有个小插曲。车开出不久，下了个坡，转到大道上了，莫言说他的手机丢在宾馆房间里了。回还是不回，一时间谁也不好说什么。不知哪个聪明人提醒，先打个电话，看是不是真的丢了再说。打了，他的行李箱里，传出嘀嘀的蜂鸣声。虚惊一场。他笑了，车上的人也都吁了口气。

到了机场才知道，有些朋友在这儿就分手了。

我们去的是仁川国际机场，来时也是在这儿降落的。苏童直飞南京，孙甘露直飞上海，许龙锡直飞延边，孙惠芬直飞大连。给人的感觉，不像是在国外，倒像是在国内某个城市，开完会就在机场分手。回北京的还是多数。几天相聚还是有感情的。孙惠芬最迟，要到晚上八点才上飞机，分手时跟我们一一拥抱。这个人性情稳重，年龄不算大，说话做事都像个大姐姐似的。

飞机下午三点多起飞，到北京五点左右，提了行李出候机楼，已六点多。提了行李后，铁凝有专车接，跟大家也是拥抱告别。一路上绝无任何领导姿态，这是铁凝的过人之处。当然大家对她还是敬重有加的。中国作协派了一辆中巴来接，真正坐车的只有莫言、季红真、李锦琦、阎思学和我五人。锦琦和思学带着出访团的两个特大号旅行箱,必须有车来接才能行动。进了城,顺路将季红真和小阎送到家。到东土城路中国作协机关时,除了李锦琦,就我和莫言了。一下飞机我就跟韩波通了话,让他到中国作协机关来接我。韩波早在半小时前到了。莫言带着行李不方便,一起上了韩波的车,绕点路把他送到家。

我们回到家,已晚上八点多了。

二〇〇八年十一月补写

何为文学，如何写作

感谢杜海先生的邀请，让我这个文学老兵，还讲讲写作。

事先定的题目是《传记文学创作的体会》。我想先离开这个题，讲讲扬州，讲讲何为文学，如何写作。这样，再拐到传记文学的写作就不会蹈空，就能落到实处。

扬州，一把文人的洒金折扇

十一二年前，二〇〇五年吧，我还在《山西文学》杂志做事，春夏之交，带着编辑部的人员，来苏皖一带采风。在南京转了两天，《钟山》的朋友问我，还想去哪儿？我说扬州。他以为我去了扬州，还要去苏州、无锡，我说哪儿都不去了，就去扬州。那次在扬州，也是杜海先生接待的。

为什么我对扬州如此情有独钟呢？

不是谁教的，是喜爱旧体诗词，喜爱旧文化，自个儿悟出来的。不来扬州，你对古典文学就没有切近的体验。到了扬州，等于你踩着杜牧的脚印走过。

文化这个东西，有点像美女，从来就是嫌贫爱富，追逐“高大上”。北京哪儿美女最多？网上看吧，最好的图片差不多全是三里屯的街拍。古代的扬州，就是中国的三里屯，是性情的释放地，也是文化的陶冶地。有没有真性情，有没有真才华，不来扬州待上一段时间，你是不知道的，别人也是不认可的。

杜牧有诗句“十年一觉扬州梦，赢得青楼薄幸名”，都说这是他回首往事的感叹，我看不是，他并没有在扬州待过那么长时间，只能说是他的一种期许，一种奢望。等于说，如果我能像南柯一梦那样，在扬州住上一段时间，让青楼女子欣赏我的才华，即便斥我为轻薄，不厚道，也是值得的。

现在一说青楼，就是做那个事的地方。专做那个事的地方叫窑子。青楼可以做那个事，但不是专做那个事。做跟做也不一样，是释放性情，也是陶冶性情，讲究的是情调，是风雅。这个道理，是没法跟现在的人讲清的，你说了半天，他最后会问你，花那么多钱，不做那事，不是太亏了吗？这么一说，你还跟他讲什么？正所谓“夏虫不可以语冰”也。

扬州文风之盛，史书多有记载。名人里头，生在扬州，来过扬州，吟咏过扬州的，不计其数。最可称道的，该是“扬州八怪”。过去说是怪,用现在的眼光看,是有前卫意识,得风气之先。

如果以物件作喻,杭州是一柄花伞,情侣依偎着去游西湖;苏州是一把绢质的团扇,美女拿起遮住半个脸蛋;扬州是一把洒金的折扇,文人拿在手里,唏啦一下甩开,唏啦一下收起,要多风流有多风流,要多洒脱有多洒脱。

园林、饮食、名士、美女,可说是扬州的文化标志,再加上雕版印刷,就构成一幅文人雅集图:精致的园林里,几个名士,吃着可口的饭菜,美女相伴,拿着雕版古籍,吟诗作赋,何其风雅!看来这种流风遗韵,扬州市作家协会是传承下来了。我在别处也讲过课,多是在高楼里,在教室里,你们可倒好,在这样一个明清风格的园林里,叫萃园,这么冷的天,窗外还是一丛一丛的绿。

在这样一个地方谈文学,我有一种回到往昔的感觉。

文学,一个比科学更需要才智的行业

中国旧文化里,将世间的事物分作两类,一类是道,一类是术。道是方法,是要达到的境界。术是手段,是具体的作为。后世不说道了,说学,说学科,比如科学、算学、医学。什么是学呢?就是通过术而能达到道的境界的行业。只有术,而不会达到道的行业,是不能叫作学的,比如街上有扫地的,你不能说还有门学问叫扫地学。

从这个道理上讲，文学，就是通过文字的写作，而能达到文学的境界的行业。光是用文字来写作，说自己写的是小说，是诗歌，是不能称为文学的。只有达到文学的境界的，才能称为文学。上世纪二十年代，中华书局创办不久，舒新城先生是总编辑，有个名人写来信，给他推荐一个年轻人写的诗集，舒先生看了，在信上批了句话："不是诗，不是文，只是一串一串的字。"

据说现在，我们每年要出好几百部长篇小说，短篇恐怕是这个数字的好几倍。这些东西，出版是在文学出版社，发表是在文学刊物。作者说他们写的是文学作品，我们也都这么认为。

真的是吗？

这不等于说，文学是个篮子，就像俗话说的，捡到篮子里的都是菜，捡到文学这个篮子里的，就都是文学。

这一现象，多少年前我就注意到了，很想写文章说一下。可一想，这样说了，不知道要得罪多少人，也就忍住没有说。贼心不死，这个意思还是说了。

十多年前，在《徐志摩传》的序里，借说自己的书做由头，我说："读者先生，千万别把这本书当作什么传记文学。若存了这个念头，我劝你还是放弃。习文三十多年，我已看透了文学，世上有没有这么个东西，先就值得怀疑。是作家写的就是文学，还是叫成文学比如叫成小说就是文学？若是前者，得世上没有冒牌作家这种货色；若是后者，形式就那么尊贵？比点石成金还要容易，连

点都不用,只要一放进文学的筐子里(比如小说)就是文学了。”(北京十月文艺出版社二〇〇一年版《徐志摩传》第二页)

人微言轻,你就是喊破嗓子,也没人会听。

过了七八年,德国汉学家顾彬著文说,“中国当代文学是垃圾”,一下子炸了窝,觉得这个德国人实在是太可恶了。群情激愤,一片哗然,直疑心这家伙是八国联军的后代,要再一次火烧圆明园。

顾彬后来说,他说的垃圾,主要是指小说,诗歌是好的,还举了几个著名的诗人。

我的看法不同,我觉得如果说当代小说是垃圾的话,当代诗歌更是垃圾。

顾彬所以会有这个看法,我估计他的汉语言文学的认识水准不低,而欣赏水准属于浅易的那种。不知道中国诗歌的古典传统,也不知道中国现代诗人在新诗上做过什么样的努力,只看了些当代诗人翻译成德语的诗歌。诗,是要有韵律的,不是分成行就叫诗。新诗是舶来品,现代诗人徐志摩、闻一多、孙大雨、戴望舒诸人,在建立新诗的音节或者说是音步上,下过很大的功夫。可惜他们的试验还没有取得成功,就迎来了一个“诗崩律坏”的时代,评判是诗不是诗,只看分行就行了。他们前期的试验全都打了水漂,不会有人再去理会。中国的诗人分行写了,外国的翻译家不会也这样粗鄙,按原来的行儿翻译。他们一定是按照作者的意思，翻译成德文诗的形式。这样，顾先生看到的，就是既有韵律之美，又有思想冲击力的中国的诗歌了。于是乎，他说诗歌的情况不坏。

公允地说，中国的小说里、诗歌里，都有好的东西。但是大多数，说是垃圾有点过的话，像舒新城先生那样说是“一串一串的字”，该是不为过的。好的总是极少数，要不就不能叫好的了。

在人类前行的历史上，任何可以称之为“学”的行业里，从事这一行业的人，都担负着一个共同的任务，就是——将人类在这一行业里已然达到的智慧，再往前推进一步。

一个作家所需要的才智，跟一个科学家所需要的才智，应当说是一样的高。某种程度上还应当更高。好些科学家，说他的灵感来自名诗的吟咏，作家绝不会说他的灵感来自一次科学的实验。

举个小例子。杨振宁的理科成绩，一定是很好的了。获得诺奖后，上世纪七十年代吧，回国参观，在北京遇见美籍华人历史学家何炳棣先生。此人着实不简单，当过美国亚洲学会的会长，是大师级的学者。他们都是西南联大毕业的，前后差一年考取公派赴美留学的资格。闲谈中说起当年留美考试，杨说炳棣啊，你比我高三分。这已经是很尊重了。何不买这个账，当即说，不对，我比你高七分。这是何在《读史阅世六十年》里写的。同时说，历年留学考试，分数最高的是钱锺书。那时候公派出国的人很少，谁是什么成绩，大家都知道。

他们说的是外语考试的分数。看书时，我算了一下三人的成绩，钱是八十三分，何不会超过这个分数，若是七十七、七十八分的话，杨也就是七十分的样子。他们都是清华毕业的。成绩的好坏，就是这门学科的好坏，一点侥幸都没有。

这三个人都是中国的顶级人才，钱是作家，何是历史学家，杨是物理学家，也可说是科学家。杨得了诺奖，钱和何也在他们的领域取得骄人的成绩。这是不是可以说，作家和学者的才智，一点也不比一个科学家低呢？

文学的境界，说白了就是智慧的境界。

什么叫文学？就是用文字写下的，达到文学这个境界的作品。

反过来说，没有达到文学境界的作品，叫什么都可以，只是别叫文学。

写作，跟读者的智力较量

前面说得太沉重了。这里不妨换个轻松的说法。

我是十二月二十一号晚上离开北京的。前一天，就是二十号，在故宫东侧的太庙，参加了日本大书法家井上有一的作品展。井上有一已去世多年，来参加开幕式的是井上的老朋友、著名的艺术评论家海上雅臣先生。我不是书法家，为什么要我去呢？海上雅臣先生的《井上有一传》，在中国出版时，我给写过序，这样我就去了。这次展览，分别在东西两配殿里举办，东配殿展出的是井上有一的书法，西配殿里展出的是十三位中国书法家的作品。

在东配殿的展板上，有海上雅臣先生写的前言，说这次展览，还有友情参展的各位作家的作品。他没有说这十三位是书法家，而说是作家，即作书之人。

来的火车上睡不着，我就想，是不是在日本对书法家的称谓，比在中国要尊贵一些，也就谨慎一些。仿此例，我们对作家，是不是叫写家更合适呢？即这是一个写文章的人。

古人说，唯名与器不可假人。我们现在给人名分，实在是太随意了。取得太轻易了，自己就不珍惜，别人也不会很看重。当下文化上的混乱、粗鄙，这应该也是一个原因。

如何写作，我有一个老观念，那就是——写作，是一种智力的较量。是作家自己跟自己智力的较量，更是作家跟读者智力的较量。读者每买一本书看，除了已然成为名著，慕名而买之外，大都是抱着较量的心理，就是看看这个家伙能写出什么好东西来！看书的过程，像是在猜一个谜，只有这个谜还有趣，他又猜出来了，才觉得有意思。太浅了，他笑话你；太深了，他理解不了，也不会服气。

跟作家做智力较量，这让人听起来像是说笑话。在中国，好长一个时期,当作家的,多是考不上大学,为了找出路才去写作的。让考上大学的,跟没有考上大学的去较量智力,不是笑话是什么?作家自己,怕也没这个勇气。

我是一九六五年考上大学的。那时候,社会上对考文科的人,多持鄙弃的态度,以为是数理化不行,才考文科。确实有数理化不行才考文科的,可也确实有文科不行才考理工科的,怎么就不说呢?事实上,无论理工科,还是文科,要出成果,都需要第一等的才智。

我上学学的是历史,没有学成,是混出来的。过去写小说,很少对人说我是大学历史系出来的。为什么呢?你说了加不了分,还减分。懂得的人说你是斯文扫地,陪太子读书;不懂得的人,说上过大学的怎么会写小说?成了自取其辱。我后来不写小说,转而做现代文学研究,写《李健吾传》《徐志摩传》,跟这个不无关系。

在火车上想得最多的是,怎样跟朋友们谈小说写作。我是不写小说了,但对文学的研究,对小说的关注,从没有停止。

当代小说写作的问题,跟写新诗的问题,几乎是一样的。大体说来就是,一批不知文学为何物的人,在那里自拉自唱,自得其乐。新中国的历史上,有过这样的现象,比如一九五八年的全民写诗运动,那时也跟疯了一样,小学生写诗,老农民写诗,只要是个顺口溜,就说是诗。再有一比,就是现在的广场舞,会不会都可以跳。现在写小说成了，只要会写字，就敢写小说，写下一行一行的字，连起来是一段；一段一段连起来是一节；一节一节连起来是一章；一章一章连起来就是一本书了。至于写的是什么东西，只怕自己也不知道。他们只知道两个字，一个是编，一个是写。编下的写出来，就是小说，是小说就是文学。写出文学作品的人，能不是作家吗？

这些人，可以说根本不知道小说是什么东西。

路上我一直在想，该用个什么最简单的例子，说了朋友们一听，就知道什么是小说写作，什么是瞎编瞎写。

小说写作的关键，或者说小说写作的秘籍，以我的理解，应当是人物在低层面上的冲突，在高层面上达到和谐。具体地说，就是人物在社会层面上的冲突，在人性的层面上达到和谐；在欲望的层面上发生的冲突，在理智的层面上达到和谐。几乎所有的文学名著，都是这样的一种格局，比如《红与黑》，比如《包法利夫人》。上世纪三十年代，一些左翼作家的作品不是这样，他们的写作观念是，人物在经济层面的冲突，在阶级斗争的层面上，通过斗争得以解决。比如茅盾的《子夜》，曹禺的《雷雨》。

这道理太玄了，说了很难让人一听就明白。

想啊想，还真让我想到一个例子。

前几年，我在写一部历史长篇小说，叫《边将》，写了好几年。儿子让我上微信，我嫌麻烦，就没上。现在《边将》写完了，两个月前儿子给开了微信。没事了,我常上去浏览。有个段子,也是正好在火车上,让我想起来了。

说的是一个五六十岁的大爷坐夜车,坐的是卧铺,上面是个姑娘,一直在看手机,好像在看电影吧,声音不大,呜里哇啦说个不停,扰得大爷没法入睡。后半夜了,大爷实在忍不住了,敲敲上面的床,说:“姑娘,能不能让我睡一会儿?”姑娘俯下身子,看了看他,说:“嗯,上来吧!”过后大爷对人说,代沟真好。

这个段子,真是一个世界级的文学名著的缩微版。你看嘛,冲突是社会问题引起的。一个老年人,一个年轻人;一个要看手机,一个要睡觉。在一个密闭的空间,老人真是烦死了。无奈之下,提出了自己的抗议:能不能让我睡一会儿。接下来极有可能引发一场争吵。但是,同样是一个密闭的空间,另一种可能出现了。姑娘看这个大爷模样也还将就,人家又是如此文明地提出要求,想了想,说上来吧。原本是一场社会冲突,在人性的层面上达到了和谐。

这样的小说,就是一场智力的较量。

在这样的较量中,失败的极有可能是读者。当然,也会有聪明的读者,预测到后来准定有那样的事儿,要不他设定一个大爷一个姑娘做什么?

现在再来推测一下,这样的题材,给了一个不会写小说却爱写小说的人,会写成什么样子。一种可能是,姑娘在上铺,看黄片,看得来了情绪,又无处发泄,便撩逗下铺的大爷。大爷呢,做梦都没想到会有这样的好事,当即从命。毕竟上了年纪,爬到半截掉了下来,又往上爬,爬上去倒也如狼似虎。再一种可能是,这个大爷是个老色鬼,一看这个卧铺车厢里没有外人,就打上了姑娘的主意,如何撩逗,如何云雨一番。

两者不同在哪儿呢?

前者有构思,有起伏,有因果,有事情的进行,还有事件所达到的思想的境界。后者,只是叙事,只是描写。而这个故事,跟上窑子没有什么差别,不过是换了个地方。跟强奸也没有差别,不过是野地里换到了火车上。

前者是文学作品,后者只能说是文字垃圾。

这样就该明白,有结构有意境,才叫文学。当然是通过叙事与描写达到的。光有叙事,光有描写,不能叫文学。

还有一个极为重要的问题,就是你的作品的语言,能不能达到文学的层面。在这点上,可以说简洁与冗繁不是重要的,重要的是清楚,耐读,有文学的意味。更高级的,还会有一种内在的韵律。

诸位都是成熟的写作者,这里就不多说了。

传记，五十年之内毋庸他人烦劳

现在该着重谈传记文学了。

自从上世纪九十年代开始，我就转向了传记文学的写作。这样地说，也是从了俗；严格地说，应当是人物传记的写作。至于是不是传记文学，那要看你的作品语言，是否达到了文学的层面。

二〇一一年之前，我一共写了三部传记，分别是《李健吾传》、《徐志摩传》和《张颔传》。张颔是一位著名的考古学家、古文字学家，仍健在，一九二〇年生，今年九十七岁了（编者注：张颔先生于二〇一七年一月去世）。这几年，我在写两本书，一本是历史小说《边将》，已完成；一本是《徐永昌将军传》，正在写着，快完战了。徐永昌这个人，好多人可能不甚了解，说一件事就知道了。一九四五年九月，盟军在东京湾的密苏里号军舰上，接受日本人的投降，主持其事的是美国的麦克阿瑟将军。每个国家各派一个代表，在受降书上签字。中国签字代表就是徐永昌将军。整个抗战期间，他是军令部长，可以说所有大的战役，全是他策划并发布命令的。这个人是山西原平人。一位原平籍的出版社的社长，要我写他的传记。

我动手写《李健吾传》的时候，写传记的人还不是很多。这几年，一下子热了起来。先是作家出版社组织百位文化名人传记的写作，此前此后，各省也都有类似的举措。好些作家转向了传记写作，最多的是写报告文学的人。对这个，我不好多说什么，只能说这是好事。

对组织方式，还是有点看法的。不是说现在的不好，是说以后可以做得更好。

我以为，这样的大工程，应当用现代的方式进行。比如你要写一百个文化名人，谁是合适的写作者呢？不能说是你指定，也不能说是他报名，这两种办法，都有相当的风险，就是钱花了，东西出来了，但是不尽如人意。

现代的方式是什么呢？就是在媒体上登广告，提出条件，然后组织一个高水平的审核班子，到时候也许会交来三部五部，经过审核，谁的好，出谁的，给以巨额的报酬。只有这样，才能将最好的作品征集上来，为后世提供最好的传记版本。

有人说，你不给钱，我就不写。

我的看法是，这样的人，给了钱也写不好。

写作，应是一种舍得投资的事，完成的是自己的事业，自己花钱是本分。

我写《李健吾传》时，只是说自己要写，花多少钱觉得都是应当的。一两年内，都没有跟出版社联系过，后来是北岳文艺出版社的朋友，知道我在写这么一本书，他们也正要出《李健吾文集》，就拿过去出了。

写《徐志摩传》，是北京十月文艺出版社的一位朋友，听说我写了《李健吾传》（还没出来），说他们正在组织一套“现代作家传记”丛书，鲁迅、胡适、郭沫若这些大名头的人物，都有人写了，出版了。还有三个人，让我选一个。问哪三个，说是何其芳、冯雪峰、徐志摩，朋友以为我会写何其芳或是冯雪峰，料不到的是，我说写徐志摩吧。

他们问我一年行不行，我说肯定不行。两年呢？我说不要定死了，我争取早点写成就是了。结果是，我写了四年才完成。一九九七年接下的活儿，二〇〇〇年秋天交稿，二〇〇一年初出版。《李健吾传》也是写了四年，一九九三年开始，一九九七年出版。

为什么用了这么长时间呢？

我完全是按照历史著作的路数写的。

上大学的时候，看过梁启超的《中国历史研究法》，知道写传记要先编年谱，我是一边搜集资料一边编年谱。这两本书，都是用了三年的时间编年谱，用了一年的时间写成书。

年谱怎么编呢？就是把传主一生的行事，按年月日编下来。有日的编在日下，没日而有月的，编在月下，没月而有年的，编在年下。连年也没有的，总有个大致时间段，就放在这个时间段某年之下。年谱编成了，传主生平事业就全都理清了。前后有了照应，左右有了依傍，性格的发展有脉络可循，事情的原委可由果求因，写起来，就能做到起承转合，浑然一体。

写人物传记，还有一点要记取，就是要舍得买书。只要花了钱，能买到的，就是最便宜的事。比如说，徐志摩办过《晨报副镌》，我在北京图书馆查资料时，有次去琉璃厂闲逛，看见一家旧书店卖《晨报副镌》的影印本。一套十几大册，售价两千六百元。买还是不买，不是没有犹豫过。毕竟那时我一个月的工资才几百元。想了想，这书虽是应出版社之邀写的，但它是我自己的著作，狠了狠心，还是借钱买下了。

后来证明，这套书是买对了。这样的书，拿在手的随意翻看，跟从图书馆借出来，或只能在阅览室查一两条资料，是不一样的。我从随意翻看中，找出许多资料，写了十几篇文章。对《徐志摩传》的作用，就不用说了。后来编《徐志摩全集》时，又从中翻检出多篇徐的逸文。

在写几本传记的过程中，还有个体会，就是别人对我的预期，比我自己对自己的预期，总是要大许多。比如，我自找传主，选了李健吾就觉得很幸运了。别人让我写，就让写徐志摩。前几年，我自己找传主，写了本《张颔传》；别人找我写，就让我写《徐永昌将军传》。

再有一点，朋友们一定要记住，不管是别人的委托，还是自己的寻找，既然选定了一个人物，一定要尽心尽力，把这个传记写好。这是对自己负责，也是对社会负责。最好能立下这样的心志，甚至不妨夸下这样的海口：这个人物的传记我写了，几十年内毋庸他人烦劳。

这是多大的气派,又是多高的品格!

今天就讲到这里。谢谢杜海先生,谢谢在座的诸位朋友,谢谢前面的几位美女!

二〇一六年十二月二十五日补写

(本文系在扬州文学创作高研班的演讲)

后记

这年头,还有出版社肯为一个过了气的作家,出这么一本集子。可见文化这东西,还是有它高雅的地方,那就是不从流俗。

散文集子,最忌的是鸡零狗碎,虽名家亦难免。名家有名家的威势镇着,读者只有将就,我辈若要见贤思齐,自个儿都先觉得好笑。不看自己多高的个子,还有那几根鼠须似的胡子。

能做的事,只有删汰。删之又删,汰之又汰,落下这么二十几篇。多是经历的喟叹,情谊的留恋,间或也会就所见所闻,表示一点浅陋的识见。行文嘛,仍是老毛病,越想装得像个文化人,越掩饰不住粗鄙的根性。独有写中小学老师的三篇,是十二分的虔诚,不敢有一点点的轻狂。

这么寡淡的书,谁会买?

且让我悄悄说上一句,对文字有偏嗜的人,不妨破费一下,师法谈不上,新的体味还是会有的。至少也该知晓,世间还有这么个老迈的同道。

书名,选了书中一篇的篇名。不是要拽谁的眼珠子,实在是觉得自家的人生,越来越有这么点意思了。

二〇一七年三月三日于潺湲室

“小说家的散文”丛书

《我画苹果树》	铁　凝　著
《雨霖霖》	何士光　著
《高寿的乡村》	阎连科　著
《看遍人生风景》	周大新　著
《大姐的婚事》	刘庆邦　著
《我以虚妄为业》	鲁　敏　著
《在家者说》	史铁生　著
《枕黄记》	林　白　著
《走神》	乔　叶　著
《别用假嗓子说话》	徐则臣　著
《为语言招魂》	韩少功　著
《梦与醉》	梁晓声　著
《艺术的密码》	残　雪　著
《重来》	刘醒龙　著
《游踪记》	邱华栋　著
《李白自天而降》	张　炜　著
《推开众妙之门》	张　宇　著
《佛像前的沉吟》	二月河　著

《宽阔的台阶》	刘心武 著
《永远的阿赫玛托娃》	叶兆言 著
《鸟与梦飞行》	墨 白 著
《和云的亲密接触》	南 丁 著
《我的后悔录》	陈希我 著
《打败时间的不只是苹果》	须一瓜 著
《山上的鱼》	王祥夫 著
《书之书》	张抗抗 著
《我觉得自己更像个卑劣的小人》	韩石山 著
《未选择的路》	宁 肯 著

（以出版先后排序）